BUZZ

© 2024, Valerie Cockerell
© 2024, Buzz Editora

Originalmente publicado por Morgan James Publishing.
Todos os direitos reservados.

Título original
Manage Like a Mother — Leadership Lessons
Drawn from the Wisdom of Mom

Publisher **Anderson Cavalcante**
Editora **Tamires von Atzingen**
Editores-assistentes **Fernanda Felix, Érika Tamashiro e Nestor Turano Jr.**
Preparação **Luiza Côrtes e Elisabete Franczak**
Revisão **Ligia Alves e Rodrigo Nakano**
Projeto gráfico **Estúdio Grifo**
Assistentes de design **Leticia Zanfolim e Livia Takemura**

Nesta edição, respeitou-se o novo
Acordo Ortográfico da Língua Portuguesa.

Dados Internacionais de Catalogação na Publicação
(CIP) Câmara Brasileira do Livro, SP, Brasil

Cockerell, Valerie
Lidere como uma mãe: como a sabedoria materna pode
impactar seu negócio/Valerie Cockerell
Tradução: Cristiane Maruyama
São Paulo: Buzz Editora, 1ª ed., 2024
240 pp.

Título original: *Manage like a Mother: Leadership*
Lessons Drawn from the Wisdom of Mom
ISBN 978-65-5393-284-5

1. Gestão de negócios 2. Liderança 3. Mercado de
trabalho 4. Mulheres – Líderes I. Título.

CDD-650.13	23-174913

Elaborado por Eliane de Freitas Leite   CRB 8/8415

Índice para catálogo sistemático:
1. Liderança: Desenvolvimento pessoal: Administração
650.13

Todos os direitos reservados à:
Buzz Editora Ltda.
Av. Paulista, 726, Mezanino
CEP 01310-100, São Paulo, SP
[55 11] 4171 2317
www.buzzeditora.com.br

VALERIE COCKERELL

LIDERE COMO UMA MÃE

Como a sabedoria materna pode impactar seu negócio

TRADUÇÃO DE CRISTIANE MARUYAMA

Para Anna, a melhor mãe que eu poderia ter.
Você me surpreende todos os dias com seus talentos,
sua resiliência e alegria de viver.

9
PREFÁCIO

13
COMO TUDO COMEÇOU

—

PARTE UM
LANÇANDO AS BASES
PARA O SUCESSO

—

21
Capítulo um
O caráter é importante

25
Capítulo dois
Bem-vindo a bordo

33
Capítulo três
ENSINE O BEABÁ

41
Capítulo quatro
SOU SEU AMIGO, CONTE COMIGO

49
Capítulo cinco
OUVIDOS ATENTOS E
UM CORAÇÃO COMPREENSIVO

55
Capítulo seis
Porque sim

65
Capítulo sete
O QUE PODE ACONTECER

—

PARTE DOIS
MODUS OPERANDI

—

77
Capítulo oito
CONFIE EM MIM

91
Capítulo nove
ADMINISTRANDO UM AMOR SEVERO

103
Capítulo dez
APLAUSOS E COMEMORAÇÕES

113
Capítulo onze
CONSEGUE ME OUVIR AGORA?

127
Capítulo doze
ERA UMA VEZ...

135
Capítulo treze
EU QUERO SER COMO VOCÊ

**PARTE TRÊS
PROSPERANDO**

147
Capítulo quatorze
JÁ ESTAVA NA HORA!

163
Capítulo quinze
ONDE HÁ VONTADE, HÁ UM CAMINHO

173
Capítulo dezesseis
SE DÊ BEM COM TODOS

183
Capítulo dezessete
**VOCÊS NÃO PODEM
SIMPLESMENTE SE DAR BEM?**

193
Capítulo dezoito
NAVEGANDO NAS CORREDEIRAS

199
Capítulo dezenove
CONTINUE APRENDENDO

205
Capítulo vinte
DE ONDE VÊM OS BEBÊS?

211
Capítulo vinte e um
QUE MUNDO MARAVILHOSO

221
Capítulo vinte e dois
***MERCI*, MAMÃE!**

225
POSFÁCIO

227
AGORA É COM VOCÊ

239
AGRADECIMENTOS

PREFÁCIO

Como cofundadora do Nubank e mãe de três filhas que nasceram ao longo da minha jornada liderando e escalando um negócio que hoje atende mais de 80 milhões de clientes na América Latina, emprega mais de 8 mil pessoas no mundo inteiro e vale mais de 35 bilhões de dólares, a pergunta que eu mais recebo em entrevistas e nas redes sociais é: "Como você consegue dar conta de tudo?".

Nesses dez anos, já perdi as contas de quantas vezes expliquei que, na verdade, não, eu não dou conta de tudo. O que acontece é que tenho o Nubank e a minha família como minhas duas únicas prioridades, e faço o meu melhor para que as minhas ações e a maneira como invisto meu tempo reflitam isso. Também já expliquei inúmeras vezes que a chave para conciliar as duas funções é desenhar e seguir uma rotina que otimize a sua eficiência e minimize os custos de equilibrar os dois lados.

Essa é uma ótima pergunta, aflige cem em cada cem mulheres (e, felizmente, cada vez mais homens) que têm uma família e uma carreira. Por isso, fico feliz em repetir essas respostas, com a esperança de ajudar mais mulheres a aliviar um pouco da culpa que inevitavelmente nasce quando nos tornamos mães. Idealmente, conseguimos ser mães (e pais) melhores quando não estamos desesperadamente tentando "dar conta de tudo", mas fazendo boas escolhas de maneira consciente e trazendo mais eficiência e planejamento para as nossas vidas.

Porém, há outra pergunta que recebo com frequência e que acredito ser muito mais interessante: "O que a maternidade te ensinou e que você traz para a sua carreira?".

E a resposta é: tanta coisa! Compreendi, desde a necessidade de entender a fundo como cada criança funciona para adaptar nossas estratégias até a importância de ser o exemplo e emular os comportamentos que esperamos dos nossos filhos, que a maternidade é repleta de lições valiosíssimas que podem ser imediatamente aplicadas pelos líderes no ambiente de trabalho. Ser mãe me ensinou o imenso valor da inteligência emocional, a importância da consistência e da coerência, a ter mais paciência, a entender que não podemos controlar tudo e que muitas vezes o aprendizado só vem com o erro — só para listar alguns aprendizados. A verdade é que as lições são tantas que já me peguei pensando: "Alguém deveria escrever um livro sobre isso!".

Bem, a boa notícia é que a Valerie escreveu exatamente esse livro. E não é qualquer livro, não. Primeiro porque é baseado na sua vasta experiência gerindo times dentro da Walt Disney Company, uma das empresas mais admiradas e bem-sucedidas do mundo. Quem me conhece sabe o quanto sou apaixonada pela Disney e o quanto essa empresa foi uma inspiração para muito do que fizemos no Nubank, especialmente em relação à experiência dos clientes e à construção de marca. Por isso, vocês podem imaginar o quão feliz e honrada eu fiquei ao receber um dos primeiros exemplares do livro para poder escrever este prefácio. Além disso, me diverti muito ao vê-lo entremear as anedotas de maternidade com as experiências dela dentro desse mundo mágico.

Segundo, é um livro excelente não apenas para gestores e líderes mais experientes, que se beneficiarão dos interessantes exemplos que a Valerie traz de sua experiência, mas também para pessoas no início de suas trajetórias de gestão. Ela traz uma abordagem completa dos diversos aspectos que envolvem a (boa) gestão de pessoas, oferecendo pontos de vista específicos e práticos que certamente ajudarão mesmo um gestor de primeira viagem a se organizar e liderar de maneira profissional e eficiente, sem depender de improvisos ou achismos.

Por fim, é um livro com o qual todas as pessoas, independentemente de gênero ou status social, podem aprender. Claro que para as mães os capítulos terão um significado especial, uma vez que nós já pudemos viver na pele alguma versão da maioria das situações descritas no livro. Mas, mesmo para os demais, é inevitável também lembrar a nossa vivência como filhos e as lições que nossas mães ensinaram ao longo dos anos, intencionalmente ou não, inclusive com suas ausências e erros.

Espero que este livro ajude a trazer não apenas um recurso prático e relevante para gestores e líderes nas organizações, mas também uma renovada admiração por todas as mães que, dia após dia, aprendem (muitas vezes na dor) e ensinam (certamente com amor) todas essas lições de liderança, e recebem muito menos reconhecimento do que seria devido pela sua capacidade e dedicação a esse trabalho — muitas vezes invisível, mas cujo valor é inestimável.

CRISTINA JUNQUEIRA
Cofundadora e CGO do Nubank

COMO TUDO COMEÇOU

Uma lavanderia não é exatamente o lugar mais romântico do mundo, mas foi lá que conheci meu marido, Dan. O ano era 1991, e nós dois morávamos em Orlando, uma cidade mágica. Mas quis o destino que eu conhecesse o meu príncipe encantado em uma lavanderia sem graça.

Nasci e cresci em Lyon, na França, e fui recrutada pela Disney para trabalhar nas operações de varejo e administrar lojas de produtos na Disneyland Paris, que seria inaugurada em breve. Isso exigiu que eu fosse para a Flórida e aprendesse os meandros do merchandising de varejo da Disney.

Na época do nosso primeiro encontro, Dan estava em um programa de treinamento gerencial e fora designado para a força-tarefa que seria enviada à França para auxiliar na inauguração da Disneyland Paris. Então ambos estávamos em treinamento na Walt Disney World.

Embora tenhamos nos conhecido por causa de uma pilha de meias sujas, nossa química instantânea tornou nosso encontro muito mais mágico. Esse encontro se transformou em um relacionamento de longo prazo e um casamento de 29 anos (e contando) que nos levaria de um lado para o outro do Atlântico.

No final de 1991, eu estava de volta à França, juntando-me aos 12 mil membros do cast da Disneyland Paris (termo da Disney designado para funcionários) que estavam se preparando para a inauguração. Dan viajou para lá em janeiro de 1992 com um visto de dezoito meses em mãos. Ele gerenciaria e prepararia as operações do estacionamento para a inauguração marcada para 12 de abril de 1992.

Nossa carreira na Disney floresceu, assim como nosso relacionamento. Após dezoito meses de namoro, nos casamos em uma cerimônia muito pequena nos arredores de Paris. Nosso lindo menino, Jullian, nasceu cerca de dois anos depois.

Dan e eu permanecemos na França por cinco anos antes de retornarmos para Orlando a fim de nos juntarmos à equipe do Walt Disney World. Foi lá que nasceram nossos outros dois filhos: Margot, em 1998, e Tristan, o mais novo, em 2001. Nossa família de cinco pessoas se estabeleceu alegremente na Flórida com o Magic Kingdom em nosso quintal.

Nos vinte anos seguintes, entrei e saí do mercado de trabalho várias vezes, dividindo meu tempo entre criar nossos filhos e tentar seguir uma carreira.

À medida que subíamos na escala hierárquica, aprendíamos muito sobre a Disney, mas aprendíamos ainda mais sobre nós mesmos e os desafios de trabalhar com pessoas de culturas diferentes — sem falar no fato de nosso casamento ter essa característica.

Dan acabou se tornando vice-presidente do Epcot, Hollywood Studios e Magic Kingdom, com seus 12 mil membros do cast. Após nove anos nessa função, ele deixou a Disney em 2018 para abrir uma empresa de consultoria especializada em atendimento ao cliente, cultura organizacional e liderança.

Essa mudança coincidiu com a época em que nossos filhos já eram independentes, então não demorou muito para que eu me juntasse a ele em seu novo empreendimento, aproveitando minha experiência como facilitadora do Disney Institute e como líder em merchandising de varejo.

Começamos a ajudar organizações nos Estados Unidos e em outros países e ficamos felizes em descobrir que realmente existe vida fora do Walt Disney World.

Atualmente, prestamos consultoria a companhias de todos os portes e em diversos setores. Acima de tudo, finalmente temos o luxo de dar um passo atrás e refletir sobre nossa jornada. Percebemos quão longe chegamos e o quanto aprendemos ao longo do caminho.

Tivemos a sorte de trabalhar para a Disney, uma das empresas mais admiradas da *Fortune 500* e uma das organizações mais criativas e inovadoras que já existiram. Aprendemos a liderar equipes para oferecer um excelente atendimento ao cliente e superar as expectativas dos hóspedes em uma busca incansável pela excelência. No entanto, percebo agora que muito do meu aprendizado foi adquirido em um trabalho totalmente distinto, que não veio com uma carreira nem com um manual de instruções: criar meus filhos.

Ao longo do caminho, me vi recorrendo à minha experiência como mãe para ilustrar alguns dos insights de liderança que esperava compartilhar. "Administrar como uma mãe" tornou-se meu slogan preferido.

Meu sogro, Lee — um palestrante muito requisitado e um líder talentoso —, sempre dizia que sua mãe foi a fonte de muitas das mais valiosas lições de liderança que ele aprendeu ao longo de sua vida. A comparação entre maternidade/paternidade e liderança nunca deixou de gerar acenos de entendimento de ambos os nossos públicos.

Então comecei a me aprofundar nessa analogia e encontrei muitos pontos em comum entre o que é preciso para ser um grande líder e o que faz uma boa mãe. Percebi que as habilidades parentais poderiam ser utilizadas em minha carreira. Os princípios que me ajudaram a treinar, reconhecer, ensinar e capacitar equipes não eram diferentes daqueles que usei para criar meus filhos.

Descobri que as crianças involuntariamente nos ajudam a escrever o manual sobre liderança — e assim a premissa deste livro tomou forma em minha mente. Portanto, nos capítulos a seguir, você encontrará informações colhidas de minha experiência não apenas como líder, mas também como mãe.

Mais uma coisa. A maternidade é uma grande fonte de inspiração para traços e comportamentos de liderança excepcionais, mas **você não precisa ser mãe para se beneficiar da sabedoria materna**.

Quando sugiro que você "gerencie como uma mãe", estou me dirigindo a *todos* os líderes, independentemente do gênero ou status parental.

Afinal, todos compartilhamos um denominador comum: *temos* **uma mãe**. Nós já fomos filhos. Olhando para trás, sabemos o que foi eficaz e o que não foi. E, embora as mães nem sempre façam as coisas certas, elas também podem nos ensinar com esses erros.

—

Apesar de eu ter trabalhado no mundo de faz de conta da Disney por quinze anos, você não encontrará nenhuma receita mágica nestas páginas. Uma grande liderança requer trabalho duro, não mágica. E os princípios básicos de liderança se alinham com o que uma mãe faz dia após dia.

Isso pode parecer simplista, mas, se aprendi uma coisa em minha carreira, é que muitas vezes procuramos soluções complicadas quando as respostas são, na verdade, bastante simples. É por isso que, em meu trabalho como consultora, costumo dizer a meus clientes que liderança não é uma tarefa complexa.

No entanto, não devemos presumir que as coisas simples sejam fáceis porque a liderança e a maternidade/paternidade eficazes são compromissos de longo prazo que exigem consistência.

Claro, não pretendo ser uma mãe perfeita, tampouco uma líder perfeita. Pelas histórias que vou compartilhar, você verá que nem sempre tomei as decisões certas como mãe ou como líder, mas, se aprendermos com nossos erros, cresceremos. E, nos anos sendo mãe e líder corporativa, eu cresci *por causa* deles, e não *apesar* deles.

Fui inspirada não apenas por minhas lições de vida, mas também por observar muitas outras mães que conheço bem — incluindo minha mãe, Anna. Mesmo com imperfeições e falhas, elas sempre têm boas intenções. Todas elas são Mulheres-Maravilha, cada uma à sua maneira.

Observá-las por muitos anos e avaliar meus próprios erros me trouxe clareza e compreensão do que funciona e do que não funciona. Acredito que os capítulos seguintes ajudarão todos a fazerem o mesmo.

—

Ao longo do livro, proponho algumas perguntas que podem iluminar pontos a serem desenvolvidos em suas práticas de liderança. Eu os compilei e os chamei de "Agora é com você". Você pode se basear nessa seção para aplicar a sabedoria de uma mãe ao seu papel de líder.

Uma última coisa. Você encontrará citações que coletei de amigos e parentes de todo o mundo — palavras de sabedoria e conselhos que suas mães compartilharam com eles enquanto cresciam. Essas citações nem sempre estão de acordo com o conteúdo do capítulo, mas demonstram que, independentemente da idade, nacionalidade ou cultura, as mães nunca deixam de compartilhar suas percepções poderosas de maneira especial.

PARTE UM

LANÇANDO AS BASES PARA O SUCESSO

CAPÍTULO UM

O CARÁTER É IMPORTANTE

Dezoito meses depois de casados, Dan e eu viajamos para Nova York a fim de passar um fim de semana prolongado. Era novembro de 1994. Enquanto estávamos na cidade, fomos tomar uns drinques no Peacock Alley Bar do Waldorf Astoria. Isso não foi coincidência. Meu sogro, Lee, iniciou sua carreira no Waldorf como garçom nos anos 1960. Ele compartilhou conosco a história por trás do nome do bar e recomendou que fôssemos conferir o lugar.

Durante a década de 1920, o Waldorf e o Astoria eram dois hotéis separados conectados por um longo calçadão onde ficava o bar. Esse local exclusivo atraiu os ricos e poderosos. Também atraiu muitas jovens que desfilavam do Waldorf até o Astoria na esperança de chamar a atenção de algum cliente com dinheiro. Daí o nome, Peacock Alley.*

Enquanto bebíamos, nossa conversa se voltou para a questão de aumentar nossa família. Dan e eu havíamos abordado vagamente o assunto antes, mas naquele momento nos vimos fazendo uma comparação detalhada de nossas opiniões sobre a paternidade e a maternidade.

---

* Em inglês, *peacock* significa pavão. [N. E.]

Discutimos nossas respectivas abordagens para a criação de filhos, fosse em relação à educação, aos cuidados infantis, à cultura ou aos valores que esperávamos transmitir a eles. Sem nenhuma surpresa, estávamos alinhados em todas as frentes.

Era importante para nós dois que nossos filhos fossem expostos às culturas francesa e americana e que recebessem uma educação completa, bem como uma oportunidade de descobrir seus talentos e suas habilidades sem o peso das expectativas dos pais.

Também compartilhávamos a mesma visão sobre os deveres dos pais, as táticas disciplinares e a educação religiosa. Fiquei emocionada quando Dan demonstrou ter um verdadeiro compromisso com a igualdade de gênero e expressou seu desejo sincero de se tornar um parceiro dedicado que compartilha todos os deveres dos pais.

Discutimos nossos respectivos níveis de envolvimento, o tipo de creche que queríamos que nossos filhos frequentassem, bem como as implicações financeiras de expandir nossa família. Ambos esperávamos ter mais de um filho, embora sem definir um número específico. Também concordamos com o cronograma e decidimos colocar nosso plano em ação imediatamente.

> **"As mulheres têm muitos defeitos. Os homens têm apenas dois: tudo o que dizem e tudo o que fazem."**
> De Ella para Priscila
> [Ardmore, OK, EUA]

Saímos do Peacock Alley com uma visão alinhada e similar de nossa futura unidade familiar. No caminho de volta para o hotel, Dan brincou que, se tivéssemos um menino, ele se chamaria Waldorf; se fosse menina, se chamaria Astoria.

Felizmente ele tinha esquecido completamente essa ideia quando Jullian nasceu, dez meses depois.

—

O que isso tem a ver com liderança?, você talvez esteja se perguntando.

Na maioria das vezes — pelo menos nas culturas ocidentais —, as mulheres podem escolher seu parceiro de vida. Elas podem decidir com quem vão começar uma família. Podem garantir que os valores e a abordagem parental de seus parceiros estejam alinhados com os seus. Elas também procuram alguém disposto a aprender e a se adaptar junto com elas, pois ninguém está totalmente preparado para as mudanças da vida — especialmente as provocadas pela chegada de um bebê.

Como líder, sempre busquei que esses princípios básicos norteassem a contratação de novas pessoas para minha equipe. Assim como fiz questão de que meu marido e eu estivéssemos alinhados na maneira como criaríamos nossos filhos, contratei pessoas que compartilhassem de minha ética de trabalho, mentalidade e valores.

As habilidades são importantes, é claro, em algumas profissões mais do que em outras. (Você gostaria de um piloto com grandes habilidades ou com grandes valores?) No entanto, na maioria dos casos, prefiro contratar alguém cujos valores estejam alinhados com os meus do que uma pessoa habilidosa.

As habilidades podem ser aprimoradas com tempo, treinamento e experiência. Os valores, por outro lado, são profundamente arraigados e dificilmente maleáveis.

> **"Descubra o que você quer fazer e com quem deseja compartilhar a jornada."**
> De Margaret Winifred para Jeanne [Durango, CO, EUA]

Como líder, você pode ajudar um funcionário a mudar *um pouco* para alinhar seus valores com os de sua equipe, mas não pode esperar mudar fundamentalmente o caráter de alguém. E, no final, o que une a sua organização é o consenso sobre quais comportamentos são considerados aceitáveis e quais são inaceitáveis. Isso determina sua capacidade de liderar com sucesso uma equipe com diversas habilidades e personalidades rumo ao mesmo destino.

É por isso que sempre considerei valores e atitudes inegociáveis. Mesmo quando me disseram que só precisávamos de alguém capaz de fazer o trabalho, eu não cedi a isso.

Quando *um* funcionário tem valores diferentes do restante da equipe, fica evidente. Isso afeta a cultura da equipe e a capacidade de sucesso do recrutado, sem mencionar a produtividade e o moral dos demais funcionários. O efeito é contagioso. Antes que perceba, você tem uma organização disfuncional.

Quando for fazer uma escolha, **sempre priorize valores, ética e mentalidade acima de habilidades, experiência e conhecimento.**

Essa deve ser a consideração mais importante em todo o processo de seleção.

Como futura mãe, você e seu parceiro discutem suas opiniões sobre a paternidade e a maternidade *antes* de começar uma família. Garanta que seus valores estejam alinhados e que as abordagens dele sejam as mesmas. Ao selecionar uma equipe, você deve fazer o mesmo para evitar possíveis problemas depois.

CAPÍTULO DOIS

BEM-VINDO A BORDO

Paris, agosto de 1995. Eu estava grávida de oito meses, minha primeira gravidez, quando, caminhando alegremente de minha casa até o centro aquático local para minha natação diária, esbarrei em uma amiga (com o tamanho daquela barriga, era difícil não esbarrar). Ela também estava grávida e com a data do parto se aproximando. Nossas bolsas pareciam prestes a estourar a qualquer momento. Suspeito que o salva-vidas adolescente tenha rezado para que nem minha amiga nem eu entrássemos em trabalho de parto durante seu turno.

Como Dan e eu morávamos na França na época, eu tinha direito a dois meses de licença-maternidade até a data do parto e mais três meses depois. Cinco meses de felicidade... ou foi o que pensei.

Depois de trocar gentilezas, minha amiga contou *em detalhes* todas as compras que ela e o marido tinham feito e como estavam se preparando para a chegada do primogênito. Estratégias militares ou explorações espaciais nem se comparavam! Seus preparativos incluíam estocar suprimentos para bebês, frequentar aulas para aprender o método Lamaze, encontrar um pediatra adequado, identificar e entrevistar uma *baby-sitter* confiável, procurar opções de creche em potencial, conduzir entrevistas com babás e assim por diante.

Escutei e balancei a cabeça educadamente, pedindo licença para que eu pudesse começar minha natação. Enquanto dava voltas, não conseguia tirar a conversa da cabeça. Quanto mais eu pensava sobre tudo o que ela compartilhou, mais terrível era a percepção: o parto seria em poucas semanas, e eu estava lamentavelmente despreparada. O pânico se instalou.

Ingenuamente, pensei que poderia confiar no poder absoluto de meu instinto materno não testado para enfrentar quaisquer desafios que surgissem. Será que eu estava subestimando o quanto nosso modo de vida estava prestes a mudar?

Naquela noite, vasculhei freneticamente livros e revistas em busca de informações para que Dan e eu pudéssemos formular um plano de ataque. Fiz uma longa lista de suprimentos e uma lista de tarefas ainda maior.

Nas semanas que se seguiram, assisti às aulas e fiz perguntas a todas as mães que conhecia — amigas, parentes, mães experientes e as de primeira viagem. Claro, cada uma delas tinha uma tonelada de recomendações, o que fez minha lista de itens obrigatórios crescer. Aprendi tudo o que poderia esperar e mais um pouco.

Alinhei meu sistema de apoio de amigos, pais e sogros, sem falar na babá e no pediatra de confiança. E, além de pintar o quarto do bebê, Dan e eu compramos todos os itens de enxoval conhecidos por mães, incluindo berço, mamadeiras, fraldas, fórmula, alguns brinquedos de pelúcia e chocalhos, um móbile colorido e uma luz noturna. Escolhemos as lembrancinhas de maternidade e montamos uma lista impressionante de números para colocar na discagem rápida para todos os "e se" e possíveis sobressaltos.

Quando chegou a hora, estávamos prontos. Dan me levou até a maternidade por volta de uma da manhã do dia 2 de setembro, e o nosso lindo bebê, Jullian, nasceu cinco horas depois. No geral, foi um parto tão tranquilo quanto se poderia esperar.

"Nunca espere a perfeição de seus amigos."
De Emily para Suzie
[Boston, MA, EUA]

Achei que a parte mais desafiadora do trabalho estava concluída, mas logo entenderia que estava errada. A parte difícil tinha apenas começado. Haveria muito mais perguntas para responder e habilidades para dominar. No entanto, naquele exato momento, estávamos confiantes de que havíamos nos preparado minuciosamente para a "integração" de nosso primeiro filho.

—

Começar um novo emprego pode não trazer uma mudança de estilo de vida tão radical quanto se tornar um pai ou uma mãe, mas alguns dos princípios de uma transição bem-sucedida para a paternidade ou a maternidade certamente se aplicam ao ambiente de trabalho.

Como mencionei anteriormente, fui transferida para dentro e para fora de uma equipe de trabalho várias vezes. Eu vivi vários primeiros dias em um emprego, facilitei alguns como líder e aprendi como várias organizações abordam a integração.

Os processos de algumas empresas são perfeitos. Os de outras? Nem tanto. Aqui está o que descobri sobre o que contribui para uma ótima integração.

AS PRIMEIRAS IMPRESSÕES SÃO IMPORTANTES

Prepare-se para suas novas contratações com a mesma atenção que daria para a chegada de um bebê. A experiência do primeiro dia de uma pessoa em uma empresa é fundamental. Prenuncia o quanto você, como líder, está disposto a investir nos membros de sua equipe. Coloque-se no lugar dos novos contratados que chegam cheios de esperança e com muito entusiasmo. *O que você percebe? Parece que sua organização se preocupa com eles? A chegada dos novos contratados é uma prioridade? Você está fazendo os recrutas se sentirem bem-vindos?*

> **"A imagem importa. Vista-se para o sucesso."**
> De Kay para Holli
> [Brecksville, OH, EUA]

Como líder, não subestime o impacto desse primeiro dia. Ele conta uma história sobre o que você representa, se a organização está disposta a investir em seus funcionários e que tipos de líderes supervisionam as operações. **A integração fornece uma janela para o coração do seu negócio.**

Atente-se para as primeiras coisas que eles experimentarão. Lamentavelmente, tenho visto algumas empresas levarem seus funcionários para uma mesa pegajosa nos fundos de um refeitório sombrio para preencher montanhas de papelada como um primeiro — e às vezes único — passo para a integração. Mas também já vi empresas os levarem para salas de treinamento com cadeiras estofadas de couro, flores e bufês bem abastecidos.

SEJA EXIGENTE SOBRE QUEM FACILITA A INTEGRAÇÃO

No primeiro dia na Disney, colocaram todos os novos contratados — independentemente da posição — em uma aula chamada Tradições. Todos saem daquela aula completamente maravilhados.

As pessoas costumam se surpreender ao descobrir que essa aula é oferecida por uma lista rotativa de funcionários da linha de frente. O entusiasmo, a paixão pela organização e a energia dessas pessoas não são apenas genuínos, mas também contagiosos, exatamente porque são funcionários da linha de frente.

O primeiro encontro com quem quer que seja designado para receber um funcionário novo poderá deixar uma impressão positiva e duradoura em seu novo contratado ou uma mancha indelével na reputação de sua empresa.

APRESENTE SEU NOVO CONTRATADO AO AMBIENTE DE TRABALHO

Quando apropriado, certifique-se de que os novos contratados façam um tour pelas instalações, incluindo estacionamento, banheiros e refeitório. Caso contrário, pode encontrá-los vagando sem saber como chegar aonde precisam estar. Dessa forma, apresente-os ao seu novo ambiente. Forneça um mapa se necessário.

Essa etapa pode parecer óbvia, mas você ficaria surpreso ao ver quantas organizações esperam que os recém-contratados descubram tudo sozinhos. Mesmo na Disney, às vezes eu encontrava um novo membro do cast vagando pelo túnel do Magic Kingdom (também conhecido como *Utilidor*) em busca da misteriosa cafeteria.

Se for necessário, você deve identificar o espaço de trabalho do novo contratado, que deve ser limpo e acolhedor, e fornecer todos os itens essenciais de escritório, incluindo crachás, senhas e detalhes de login.

Além disso, não se esqueça de explicar o protocolo de segurança e apontar os diferentes departamentos e suas funções. Muitas empresas simplesmente entregam aos recém-chegados um organograma cheio de nomes e cargos que não servem para muito além de informar a quem devem se reportar.

Certifique-se de que um novo contratado entenda quem é responsável pelos setores e o motivo. Isso transforma um organograma em um roteiro para que eles possam encontrar suporte quando precisarem de respostas, como uma luz noturna oferece conforto a uma criança.

ATRIBUIR UM AMIGO DE INTEGRAÇÃO

Se estamos falando em ajudar os novos contratados a encontrar respostas, designar um mentor para auxiliá-los na organização nos primeiros meses pode fazer toda a diferença do mundo. No início, os funcionários geralmente passam por um turbilhão até conhecer todos os colegas. Tudo isso pode sobrecarregá-los.

Se na sua empresa há vários departamentos, entender a contribuição de cada pessoa e suas respectivas funções pode ser difícil. Para piorar, as organizações operam e mudam a uma velocidade vertiginosa, especialmente na indústria de serviços e no mundo da tecnologia — o que basta para funcionar como uma chicotada corporativa em um novo funcionário.

> **"Para ter sucesso, não é o que você sabe, é quem você conhece."**
> De Kay para Holli
> [Brecksville, OH, EUA]

Pense no amigo de integração como uma pessoa que traz a sensação de segurança que os novos contratados desejam. Ter alguém a quem recorrer em caso de dúvidas pode fornecer o conforto e a familiaridade de que eles precisam durante esse período de transição, da mesma forma que um bichinho de pelúcia ou um cobertor especial faz com uma criança.

CERTIFIQUE-SE DE QUE ELES SAIBAM QUE NÃO HÁ PROBLEMA EM FAZER PERGUNTAS

Um dos primeiros investimentos que uma nova mãe faz é adquirir uma babá eletrônica para monitorar o bebê. Pense nisso por um segundo: *onde está a babá eletrônica de seus funcionários?*

Às vezes, dizemos que estamos aqui para ajudá-los, mas não lhes damos a oportunidade de fazer perguntas ou mantemos a porta do escritório fechada. Portanto, avise no primeiro dia que eles podem fazer perguntas — qualquer pergunta. E, então, acompanhe-os regularmente e coloque-se à disposição.

ENVIE UM COMUNICADO

Assim como você faria com um recém-nascido, informe a todos em sua empresa sobre a chegada de seus novos contratados, qual será sua função, juntamente com algumas informações pessoais e profissionais. Isso permitirá que sua equipe se conecte com eles e estabeleça um relacionamento.

VÁ CONHECÊ-LOS

Se toda a integração for realizada por outros membros da equipe, certifique-se de ir pessoalmente cumprimentar seus novos contratados. Isso mostrará o quanto eles são importantes para sua organização.

Mais do que simplesmente apertar a mão deles, converse com eles. Faça perguntas — muitas.

Pergunte de onde eles são, onde estudaram e o que gostam de fazer no tempo livre. São casados? Têm filhos? Em caso afirmativo, como encontraram uma creche? Vá além do óbvio. Saiba como chegam ao trabalho todos os dias e quanto tempo demora o trajeto. Afinal, a vida em casa tem relação direta com o trabalho. Tudo isso afeta a eficiência deles.

O tempo gasto para conhecê-los é um investimento que dará retorno a longo prazo. Isso envia uma mensagem poderosa de que você se preocupa com os membros de sua equipe e que deseja que sejam bem-sucedidos.

—

Um processo de integração eficiente é como dedicar o tipo de hipercuidado que você dedicaria a um recém-nascido. A ideia é fazê-los se sentirem valorizados, celebrados, seguros e, ouso dizer, amados.

Seus novos contratados estão emocionalmente agitados por terem acabado de conseguir o emprego. Eles também estão nervosos por começar em seu novo ambiente de trabalho. Pode até ser o primeiro emprego deles. O que experimentam nesse momento é uma mistura de entusiasmo e ansiedade.

Sua responsabilidade como líder é garantir uma grande integração, acalmando seus nervos enquanto mantém seu nível de entusiasmo. Esse é o primeiro de muitos trampolins no processo de criação de um senso de grupo.

Se você fizer isso de forma eficaz, o novo membro voltará para casa, no final do primeiro dia, animado com os dias que virão e ansioso para voltar e começar o treinamento.

CAPÍTULO TRÊS

ENSINE O BEABÁ

Desde o primeiro dia, os novos pais se deparam com muitas perguntas sem resposta. *Como sei se meu bebê comeu o suficiente? É hora de introduzir novos alimentos em sua dieta? Quanto tempo devo deixá-lo chorar?* No meu caso, havia também algumas perguntas bem básicas, por exemplo: *como faço para trocar uma fralda?!*

Admito para vocês, meu primogênito, Jullian, foi o primeiro bebê cuja fralda tive que trocar. Rapidamente descobri que não era uma tarefa para covardes. Embora eu tenha considerado em algum momento usar um traje de proteção, dominei a habilidade depois de muitas tentativas fracassadas que resultaram em quantidades desnecessárias de roupa suja. Hoje talvez consiga trocar uma fralda com uma mão e de olhos fechados.

Ainda assim, eu tinha muito mais a aprender e muitas perguntas.

Em teoria, obtive muitas respostas de todas as mães que consultei. Mas ouvir alguém dizer como cuidar de um recém-nascido é uma coisa; ter confiança para fazer isso sozinha é outra. Toda a sabedoria que meus amigos haviam transmitido evaporaram quando Jullian deu seu primeiro grito.

Felizmente, o sistema de saúde francês oferece às novas mães uma internação de uma semana — pelo menos isso era feito naquela época.

Nos primeiros dias, a nova mãe pode apenas descansar. Então, pouco a pouco, sua contribuição aumenta no ritmo que melhor convém a ela. Se desejar, pode observar o primeiro banho do seu bebê. Quando estiver pronta para dar o banho no bebê, ela pode fazê-lo, sob o olhar atento de uma enfermeira ou de forma independente.

Cabe à mãe decidir quando ela está pronta para fazer tarefas como essa sozinha.

> **"Quando você se tornar mãe, certifique-se de tomar banho, vestir-se e sair para pegar um ar todos os dias!"**
> De Marcy para Lisa
> [Nova York, NY, EUA]

Além dessa ajuda inicial, os pais franceses também recebem apoio e recursos maravilhosos. Um conselheiro pediátrico veio até nossa casa para garantir que era segura para bebês e nos forneceu recomendações e conselhos de última hora. Era como se tivéssemos recebido nosso encantador de bebês. Além disso, tive acesso a um número de telefone, uma linha direta para falar sobre bebês, onde minhas perguntas seriam respondidas a qualquer hora do dia ou da noite.

Apesar de todo o apoio a que tive acesso, não demorou muito para que eu me esgotasse emocionalmente, sem contar que precisava muito de uma noite de sono decente. Me emocionei quando meus pais, Anna e Victor, vieram nos visitar em Paris. Eu me beneficiei da experiência de minha mãe e de sua presença calmante. Ela assumiu de bom grado algumas das tarefas de cuidados do Jullian, proporcionando-me um tempo precioso para tirar uma soneca ou tomar um banho quente, além de responder habilmente a todas as minhas perguntas.

E, depois que meus pais partiram, meus sogros, Lee e Priscilla, chegaram dos Estados Unidos para conhecer Jullian e nos ajudar a cuidar dele. Quando Dan e eu ficamos perplexos com os ataques de choro de Jullian, que iam das 17 horas às 19 horas — muitas vezes referidos como a hora da bruxa do bebê —, Lee e Priscilla vieram em nosso resgate, andando pela casa com Jullian no colo até ele finalmente se acalmar. Eles também sabiam como tratar uma assadura ou lidar com uma dor de barriga e conseguiam embalar o bebê e fazê-lo dormir em cinco minutos.

A questão é que tivemos *muito* apoio, e todos estavam prontos para se colocar à disposição a qualquer momento. Dan e eu logo estávamos convencidos de que, de fato, é preciso uma aldeia para criar uma criança. Mas, principalmente, percebemos como tínhamos sorte por ter acesso a tantos recursos. Isso nos deu confiança em nosso novo papel como pais e a garantia de que tudo ficaria bem.

—

Assim como os novos pais, os novos contratados precisam ser treinados. Eles também precisam ser encorajados, tranquilizados e apoiados. Precisam ter tempo para digerir e internalizar a montanha de informações que chegam até eles.

Organizações bem-intencionadas geralmente fornecem a seus novos funcionários um manual-padrão repleto de procedimentos operacionais com tudo o que há para saber sobre a nova função. Essa é a versão corporativa para o livro *O que esperar quando você está esperando*, encontrado na mesa de cabeceira de quase toda nova mãe. No entanto, trabalhar com um manual de equipe pode ser como beber água de uma mangueira de incêndio, e essa sobrecarga de dados geralmente deixa um novo contratado com excesso de tarefas.

Assim como as novas mães, cada novo contratado domina as habilidades necessárias para o trabalho em seu próprio ritmo, e tudo bem. Todos nós temos diferentes estilos de aprendizagem.

Meus filhos, por exemplo, aprenderam a andar de bicicleta sem rodinhas de jeitos diferentes.

Jullian cantou em voz alta para se acalmar e se concentrar para andar em linha reta. Margot, por outro lado, gritou "Não solte!" o mais alto que pôde, muito depois de eu *tê-la soltado*. E quando Tristan tentou andar de bicicleta pela primeira vez, decidiu que era inútil, jogou a bicicleta para o lado, ignorou-a por algumas semanas e então, um dia, simplesmente pulou em cima dela e saiu pedalando sozinho.

Isso vale para sua equipe. Todos eles aprendem e processam informações em ritmos e de maneiras diferentes. Alguns têm que ver, alguns precisam ouvir e outros preferem agir. Outros precisam fazer os três.

Eis o que descobri sobre as características de um bom programa de treinamento.

INCORPORAR DIFERENTES ESTILOS DE APRENDIZAGEM

Quando se trata de novos contratados, você não saberá qual método será mais eficaz para eles. Portanto, seu programa de treinamento deve incluir: o ouvir, o ver *e* o fazer.

Embora possa começar explicando verbalmente o conhecimento e as habilidades, *não* pare por aí. Em vez disso, dê aos trainees a oportunidade de observar os outros em ação. O programa ideal reunirá novos contratados com mentores experientes e, sob a supervisão deles, poderão realizar a tarefa pelo tempo que for necessário, antes de trabalhar de forma independente.

Pode parecer excessivo, mas lembre-se de que já investiu tempo e recursos na contratação e seleção de novos membros. Além disso, você também pode garantir que eles sejam treinados adequadamente para poder contribuir para o sucesso de sua equipe.

INCENTIVAR, ORIENTAR E TREINAR

Já sabemos que novos contratados cometerão erros ao longo do caminho, mas, como líder, você deve celebrar os esforços e até mesmo pequenos progressos, independentemente dos erros cometidos.

Isso é quase como ensinar uma criança a andar, um dos ritos de passagem que trazem alegria e dor nas costas dos pais enquanto guiam o pequeno, segurando as duas mãos para dar equilíbrio.

No momento em que uma criança dá os primeiros passos sozinha, os pais aplaudem seus esforços, mas também oferecem palavras de conforto quando ela inevitavelmente perde o equilíbrio e vai ao chão.

Para restaurarmos a confiança que a criança precisa para tentar novamente, cada passo é comemorado; cada marco, aplaudido; cada choro, amenizado.

Isso também vale para ensinar a usar o penico. Já ouvi muitas histórias sobre como os pais abordam essa temida tarefa, todas envolvendo encorajamento e recompensas. Dan e eu, por exemplo, imediatamente irrompíamos no que chamávamos de *dança do cocô* sempre que uma sessão era produtiva.

> **"Dê uma chance de qualquer maneira. O que tiver de ser, será!"**
> De Marceline para Anna [Ambérieu-en-Bugey, França]

Embora não precise usar a mesma quantidade de persuasão e mimos com os novos contratados, eles precisam de encorajamento, orientação e treinamento. Também precisarão de reforço positivo e redirecionamento quando se desviarem do caminho.

Como todos os novos pais, Dan e eu levamos tempo para aprender tudo o que precisávamos sobre parentalidade. Da mesma forma, os novos contratados devem entender que não precisam saber todas as respostas desde o início, que você espera que cometam erros e que estão cercados pela "aldeia" disposta a ajudar.

ELES ACHAM QUE SABEM, MAS NÃO SABEM NADA

A maioria das empresas tem cronogramas de treinamento que deixam pouco espaço de manobra para ajustes. Mas eis aqui uma ressalva: os novos contratados querem causar uma boa primeira impressão. Quando questionados, podem relutar em admitir que precisam de mais tempo ou que ainda têm dúvidas. Ao mesmo tempo, você pode encontrar alguns que são excessivamente confiantes, pensando que sabem mais do que realmente sabem.

Todos nós já passamos por isso, naqueles primeiros dias de trabalho, quando achávamos que sabíamos... mas não sabíamos nada. Assim como nem sempre sabíamos quais perguntas fazer, nossos novos funcionários também não sabem.

Quando nossos filhos completaram quinze anos, chegou o temido momento de eles tirarem uma carteira de motorista provisória. A nossa região não tinha autoescolas, e Dan e eu arranjamos muitas desculpas para adiar o inevitável. Até criamos pré-requisitos como:

"Você pode aprender a dirigir um carro depois de aprender a usar a máquina de lavar louça e a máquina de lavar roupa!".

Não importava o quanto tentássemos, acabamos tendo que enfrentar a realidade e ensinar nossos filhos a dirigir. Dan convenientemente deixou a decisão para *moi*. Eu estava relutante em fazer isso e me opus por ser francesa — os motoristas franceses são conhecidos por serem selvagens e imprudentes. No entanto, alguém tinha que resolver, então acabei cedendo apenas porque sabia que meu carro era mais seguro do que o de Dan.

Identifiquei a melhor rota pelo bairro, seguindo o exemplo da Amazon e da UPS, limitando o número de conversões à esquerda, causa de muitos acidentes. Também considerei a melhor hora do dia para treinar o novo motorista — as manhãs de sábado e domingo são de longe as mais silenciosas.

Foi assim que meus filhos adolescentes e eu passávamos pelo bairro às seis da manhã todos os finais de semana, quase sempre circulando pela região no sentido horário até que dominassem as habilidades básicas de direção e acalmassem seus nervos (e os meus) o suficiente para dirigir em estradas e encarar mais tráfego.

Ao longo do caminho, eu os lembrava de que dirigir um carro era fácil. Ter que antecipar o que os outros motoristas iriam fazer e desviar de seus movimentos? Essa foi uma proposta totalmente distinta. Essa é a parte que os motoristas simplesmente desconhecem.

Minhas palavras fizeram meus filhos desdenharem dessa informação, sem sombra de dúvida, até que Tristan aprendeu essa lição da maneira mais difícil. Um dia, um homem veio com tudo de uma rua lateral e cortou na nossa frente, alheio à nossa presença. Tristan desviou para a pista oposta e por pouco — foi praticamente um milagre — evitou bater nos carros que se aproximavam.

Quando Tristan finalmente parou o carro, todos nós suspiramos aliviados. Naquele momento, tivemos uma compreensão totalmente nova do que eu quis dizer com "Você acha que sabe, mas não sabe nada".

O que quero dizer é o seguinte: ao planejar qualquer tipo de treinamento, é melhor pensar no ambiente e na pressão a que seus trainees serão expostos, sem mencionar a avaliação de todas as possíveis responsabilidades. Se você não esperaria que seus filhos adolescentes dirigissem em uma rodovia em horário de pico no primeiro dia, então por que enviaria seus novos contratados para a batalha com os maiores riscos?

Em vez de mandar um novo contratado para um "batismo de fogo", teste seus conhecimentos fazendo-lhes perguntas apropriadas e avaliando suas habilidades fora do horário de pico ou longe de grandes projetos.

Avalie a preparação deles de forma objetiva e sem julgamento ou pressão. Dê a eles a oportunidade de começar em um ambiente sem estresse e, em seguida, aumente a pressão à medida que dominam as habilidades necessárias. Acima de tudo, certifique-se de que eles se sintam à vontade para solicitar mais tempo, caso achem necessário.

APRENDA COM OS NOVOS CONTRATADOS

Por outro lado, também mantenha os ouvidos abertos, porque você pode aprender muito com os novos contratados se prestar atenção às ideias deles. Eles estão com um olhar fresco, e você deve aproveitar o ponto de vista deles e as observações que surgirem nas primeiras semanas em sua empresa.

A criatividade e a inovação muitas vezes decorrem de ideias aleatórias (falarei mais sobre isso adiante), e o que pode parecer a princípio uma sugestão ingênua ou absurda talvez se revele uma ideia preciosa.

VERIFIQUE COMO ELES ESTÃO

Por fim, crie um momento para falar com os novos contratados cerca de três meses após a integração. Até então, eles terão tempo para não se afobarem e refletirem sobre as informações, os suprimentos e conhecimentos que foram compartilhados durante o treinamento. Eles poderão fornecer feedback sobre o que receberam e o que gostariam de ter recebido.

Faça perguntas como: *que obstáculos você encontrou? O que você gostaria de saber sobre o trabalho? Existe uma área sobre a qual você gostaria de saber mais? O que poderíamos fazer diferente como organização?*

Como podemos nos preparar melhor para futuras novas contratações? Quem e o que foi mais útil em seu processo de integração e treinamento?

Aprender com as percepções deles pode ajudá-lo a melhorar o programa de treinamento de sua organização e garantir maior eficácia de seus recrutas.

—

A quantidade de esforço que você empenha para adaptar seu programa de treinamento para seus novos contratados — incluindo responder a perguntas e fornecer o suporte de que precisam — demonstra que, como líder e organização, você está preparando um recruta para o sucesso a longo prazo, não apenas preenchendo uma vaga.

Seu compromisso com o melhor treinamento também mostra que você reconhece as necessidades individuais de todos como funcionários. Isso prenuncia o tipo de relacionamento que você será capaz de construir a partir desse ponto — baseado no respeito mútuo e na compreensão.

CAPÍTULO QUATRO

SOU SEU AMIGO, CONTE COMIGO

Anos atrás, minha sogra, Priscilla, me deu uma almofada bordada que dizia: "Descubra o lado selvagem da vida: tenha filhos". Minha nossa, e que eufemismo!

Caso não saiba, durante os anos de formação, as crianças experimentam rápidas mudanças de humor, e em apenas alguns minutos a criança despreocupada torna-se totalmente irracional e obstinada.

Nada me preparou para as birras dos terríveis dos meus filhos. Jullian teve sua cota de momentos, e, assim que descobri o que desencadeava seu temperamento e aprendi a controlá-lo, ingenuamente pensei que soubesse tudo o que podia saber sobre criar filhos.

E então veio Margot, e o manual foi pelo ralo. Margot conseguiu esticar essa fase ao longo de seus terríveis três *e* quatro anos, sem que eu soubesse qual era o motivo. (Deixe-me tranquilizá-lo: nossa filha agora é uma jovem incrível e perfeitamente bem-educada, mas naquela época a civilidade era apenas um sonho distante e parecia um resultado improvável.)

A realidade é que, nessa idade, as crianças lutam para se expressar devido às suas limitadas habilidades de linguagem. E, à medida que se tornam mais independentes, criam ressentimentos por ter que depender dos pais para realizar algumas tarefas. Também ficam frustradas por terem pouco a dizer no processo de tomada de decisão e geralmente lutam para compreender o impacto de suas ações.

Mais importante, as crianças pequenas não sabem como administrar suas emoções e não estão aptas para lidar com o estresse. Como resultado, para desabafar, tendem a vocalizar, de preferência a plenos pulmões.

Quando se tratava de vocalizar, Margot tinha poder *e* alcance. Ela esgotava nossa paciência com suas birras ensurdecedoras. Usei todo tipo de estratégia para tentar conter seus acessos de raiva: alternadamente a ignorei, tentei consolá-la, raciocinei com ela, ameacei ou tentei negociar com ela. *Nada* funcionou. Nem mesmo na vez em que dei uma palmada no bumbum dela. (Estávamos na França na época e ninguém lá te olharia feio, muito menos o acusaria de abuso infantil.) Ainda assim, não produziu nenhum resultado.

Então, o que fazer? As mulheres francesas gostam de teorizar que o vinho foi inventado com esse propósito: para que as mães pudessem se "autocuidar" para sobreviver à criação dos filhos. Brincadeiras à parte, é preciso tempo e comprometimento para conhecer seus filhos, para que você possa ajustar seu estilo parental e personalizar sua abordagem de acordo com as necessidades e personalidade deles.

Bastaram alguns acessos de raiva para eu perceber que não poderia lidar com Margot da mesma forma que lidei com Jullian. Mais tarde, entendi que Tristan também exigia um manual diferente. Descobri que **muito do sucesso da parentalidade depende de sua capacidade de conhecer cada criança individualmente e entender suas características**.

Quando se tratava de Margot, eu estava determinada a encontrar a fonte de sua frustração. A princípio, presumi que estivesse simplesmente cansada. Mas então notei que essas birras ocorriam em horários aleatórios, às vezes no início da manhã ou logo após a hora da soneca.

Então imaginei que pudesse ser algo em sua alimentação. Muito açúcar? Comida suficiente? Limitar a ingestão de açúcar ou tentar dar mais comida a ela também não resolveu.

Eu me perguntei se ela estava sobrecarregada por muito estímulo ou talvez por muita socialização. Também não era isso.

Estudei os comportamentos de Margot, ouvi atentamente o que ela conseguia expressar, mesmo casualmente, e fiz uma lista mental do que a estimulava e do que esgotava sua energia. Finalmente descobri o que desencadeava seus acessos de raiva: a falta de ordem.

Margot ficava muito melhor quando seus dias eram estruturados. Ela não se sentia bem com surpresas e mudanças no cotidiano, precisava saber como seria o dia e adorava a rotina. Isso ficou bastante claro quando começou a pré-escola, em que seus dias eram muito organizados e ela tinha um regime previsível, que se ajustava à sua personalidade.

As coisas melhoraram aparentemente da noite para o dia porque ela encontrou seu lugar.

Em geral, as mães sabem o que agrada aos filhos. Elas prestam atenção em seus gostos, qual ambiente preferem, como tomam decisões e se prosperam entre um grupo de amigos ou se saem melhor individualmente — todas são informações valiosas para determinar como as crianças respondem e o que as ajuda a crescer.

Você acha que estabelecer ótimos relacionamentos com crianças é difícil? Tenha certeza disso! As mães constantemente se equilibram entre ser uma mãe amorosa e atenciosa de um lado e ensinar e treinar seus filhos com firmeza do outro. Se as mães fizerem isso de forma eficaz, criarão um laço forte que abrirá caminho para um ambiente familiar pacífico.

> **"Você vai pegar mais moscas com mel do que com vinagre."**
> De Lettie Mae
> para Vickie
> [Quitman, MS, EUA]

Compreender Margot me ajudou a esvaziar suas emoções negativas e ir muito além dos acessos de raiva para um relacionamento mais íntimo e de entendimento mútuo.

—

Construir ótimos relacionamentos com quem você trabalha resulta em equipes de alto desempenho. **Conhecer as pessoas ao seu redor e entender suas particularidades é o melhor investimento de tempo que você pode fazer como líder**. No entanto, isso várias vezes é relegado a segundo plano porque muitas coisas, aparentemente, são mais importantes e regem as pautas.

Apesar de saberem da importância de construir bons relacionamentos, os líderes não colocam essa tarefa como prioridade simplesmente por não parecer urgente. Não há resultados financeiros associados a ela e nenhum indicador-chave de desempenho (KPIS) para lembrá-los de sua importância. Como resultado, as atividades com resultados imediatos têm prioridade.

Você pode pensar que não há problema em dar tempo para moldar organicamente os relacionamentos. Mas conhecer sua equipe — conhecê-la *de verdade* — não leva apenas tempo, é preciso intenção. Às vezes, as pessoas passam anos trabalhando juntas sem a menor ideia da motivação de seu colega, como eles tendem a reagir ao estresse ou como está, de modo geral, a sua vida. Isso é ainda mais verdadeiro em grandes organizações.

Não conhecer os colegas de equipe torna o trabalho em conjunto mais difícil e deixa muito espaço para suposições, interpretações equivocadas e mal-entendidos.

Não consigo pensar em um líder sequer que não teve seu trabalho facilitado por ter ótimos relacionamentos — comunicação, definição de expectativas e reconhecimento ou feedback. Então, eis o que os líderes devem tentar fazer.

CONHEÇA BEM SUA EQUIPE — IMEDIATAMENTE

Se você entende a importância disso e concorda que bons relacionamentos facilitam o trabalho, por que esperar para estreitar laços com sua equipe? As mães sabem que estabelecer um vínculo com um recém-nascido é essencial para criar uma conexão mútua. Da mesma forma, se deseja construir uma base de confiança com os membros de sua equipe, dedique-se o mais rápido possível a conhecê-los pessoalmente.

Aprenda o nome do companheiro e até mesmo os nomes dos filhos de membros da sua equipe. Pergunte a eles sobre sua formação, incluindo onde cresceram. Descubra quais são suas comidas, bebidas e times favoritos. Eles têm alergias ou intolerâncias alimentares? Saiba o que os motiva e o que os preocupa. Conheça suas prioridades, paixões, esperanças para o futuro e o que acreditam ser seu propósito.

Também observe e anote o seguinte: *o que eles precisam para relaxar e recarregar as energias? Como tomam decisões ou tiram conclusões?*

Eles são minuciosos e metódicos em sua abordagem? Eles se destacam em grupo ou tendem a falar apenas quando solicitados? Gostam de ser elogiados publicamente ou preferem ser reconhecidos em particular? Como respondem a mudanças e solicitações de última hora?

> **"Você nem sempre pode ser a pessoa mais inteligente da sala, mas pode ser a mais legal."**
> De Anna Bella para Jamie
> [Mitchell, IN, EUA]

Esses não são detalhes que você coleta de uma só vez. Aprender as preferências deles e entender como podem prosperar acontecerá gradualmente à medida que você os observar em ação ou durante reuniões individuais e conversas casuais.

Conhecer bem os membros de sua equipe ajudará você a descobrir como eles pensam, do que precisam para performar da melhor forma possível, o que têm a oferecer e o que os desvia dos trilhos.

COMPARTILHE UM POUCO SOBRE VOCÊ

Se você falar sobre sua família, hobbies e paixões, os novos contratados ficarão mais inclinados a fazer o mesmo. Apenas fique atento para não monopolizar a conversa.

Você descobrirá interesses comuns, gostos ou pontos de vista semelhantes, o que lhe permitirá desenvolver outras conversas no futuro. Pode até conectá-los a outras pessoas na organização com paixões similares e facilitar a integração.

Ao longo do caminho, você também pode identificar algumas habilidades ou talentos que teriam passado despercebidos. Jullian recentemente conseguiu um emprego em uma grande empresa de engenharia biomédica. Durante sua integração, ele passou algumas horas com seu líder direto. Nesse momento, puderam se conhecer e ele repassou algumas regras básicas de engajamento.

No meio de uma conversa, seu chefe descobriu que Jullian tem dupla cidadania — francesa e americana — e que é fluente em francês. Acontece que a organização tem uma presença significativa na França, e isso podia ser uma habilidade muito útil. Embora constasse no currículo, essa informação não havia sido repassada pelo RH.

Da mesma forma, você nunca sabe o que pode descobrir em uma simples conversa casual com um novo membro da equipe.

PERSONALIZE SEU ESTILO DE LIDERANÇA

Assim como as mães, confie em sua compreensão da personalidade de cada um dos membros de sua equipe para ajustar o próprio estilo de liderança. Alguns exigirão mais orientação, e você terá que agendar encontros individuais regulares. Outros preferem trabalhar de forma independente e recorrerão a você apenas quando necessário.

Os introvertidos de sua equipe podem não contribuir a menos que sejam abordados; entretanto, têm uma riqueza de ideias e uma perspectiva interessante para contribuir. Você pode escolher envolvê-los durante uma reunião ou solicitar a opinião deles depois.

Alguns indivíduos precisam de incentivo ou validação constantes — alguns em público, outros apenas em particular. Talvez seja necessário separar um tempo para apoiá-los e reconhecê-los de maneira casual.

E, quando uma pessoa que você achava que conhecia agir de maneira atípica, considere que ela pode estar passando por problemas pessoais. Dê uma oportunidade para se expressar, pois ela poderá alertá-lo sobre os desafios que estiver enfrentando. Isso também permitirá que você personalize sua abordagem e ajuste suas expectativas.

OUÇA COM OS DOIS OUVIDOS

Recentemente ouvi uma ótima palestra da técnica de ginástica da UCLA, Valorie Kondos Field. Valorie relatou como sempre manteve uma política de portas abertas e se envolveu em conversas espontâneas e casuais com membros de sua equipe, mesmo quando elas não tinham um propósito específico e não estavam relacionadas à ginástica.

Um dia, uma ginasta da equipe, Kyla Ross, apareceu no escritório da técnica e falou de maneira incomum sobre um assunto insignificante. Kyla costumava ser retraída, então Valorie percebeu que a conversa-fiada poderia ser uma maneira indireta de chegar a um assunto importante.

Ela fez um esforço para não a interromper e deu espaço para Kyla elaborar o que estava em seu coração. A ginasta acabou confessando que tinha sido vítima de Larry Nassar, ex-médico da seleção nacional de ginástica dos Estados Unidos. É provável que, sem as habilidades de escuta de Valorie, ela nunca tivesse compartilhado sua história.

"O hábito não faz o monge."
De Ana para Valéria
[Lyon, França]

As pessoas querem ser ouvidas, e, como líder, você deve fornecer o canal e a oportunidade para que os membros da equipe entrem em contato e compartilhem o que estiverem pensando. É sua responsabilidade criar uma atmosfera em que a equipe se sinta à vontade para dividir qualquer assunto e informá-lo quando a pressão aumentar ou quando eles estiverem com dificuldades. Eles devem ser capazes de expressar sua frustração antes que ela se torne insuportável.

Portanto, ao ouvir os membros de sua equipe, ouça de verdade. Vá além da primeira impressão. Assim como uma mãe faz com seu filho, tente entender a pessoa profundamente, incluindo como funciona sua linha de raciocínio.

—

Quando você conhece seus colaboradores, eles sabem que você se preocupa com *eles*, não apenas com os indicadores-chave de desempenho. E, quando sua equipe sabe que você a protege, é provável que eles arrasem com esses indicadores-chave.

Portanto, invista tempo e conheça-os *de verdade*. Seu sucesso como líder depende disso.

CAPÍTULO CINCO

OUVIDOS ATENTOS E UM CORAÇÃO COMPREENSIVO

Certa vez, nos primeiros meses de escola, Margot chegou em casa furiosa. A razão? A professora disse que a minha filha tinha acordado de mau humor.

Olhei para Margot, que estava ótima, e fiquei surpresa que um adulto pudesse falar algo assim para uma criança, então disse a ela que eu também ficaria muito chateada se alguém falasse comigo daquela maneira. Foi o suficiente para dissipar imediatamente a raiva de Margot. Seus sentimentos foram validados.

Daquele dia em diante, usei esse insight. Se Margot parecesse perturbada, eu a deixava expressar sua frustração e a ajudava a encontrar palavras que pudesse usar para nomear suas emoções. Se ela estivesse com medo, eu a confortava em vez de invalidar seus sentimentos.

Às vezes, Margot simplesmente declarava: "Estou brava". Quando eu perguntava por qual motivo, ela me dizia que não sabia. Então, eu salientava que também enlouquecia de vez em quando sem saber bem o motivo. (Dan pode atestar isso.) Mais uma vez, saber que eu a ouviria e a entenderia era tudo de que ela precisava para se sentir melhor. Minha filha sabia que podia compartilhar suas emoções sem ser julgada ou rejeitada, e que era ouvida e compreendida.

Em um bom dia, eu tentaria avaliar como responder quando meus filhos tivessem uma explosão emocional ou parecessem chateados. Antes de reagir, eu me perguntaria: *vale a pena dizer isso? Vai ser eficaz? Esta é a hora e o lugar certos?* Assim que soubesse as respostas para essas perguntas, tentaria escolher o caminho certo para neutralizar a situação.

Fazer tudo isso exigia que eu demonstrasse os fundamentos da inteligência emocional — autoconsciência, autocontrole e empatia —, coisas que eu esperava que meus filhos imitassem. E que melhor maneira de ensinar do que dando o exemplo, certo? Mais fácil falar do que fazer.

Sabendo que as crianças observam os pais de perto e imitam suas reações, eu tentava entender minhas próprias emoções antes de fazer algo irremediável. Infelizmente, nem sempre tive sucesso, em especial ao lidar com adolescentes, pois os problemas e as emoções se tornaram mais complexos.

É certo que demonstrar autocontrole nem sempre foi fácil. Quantas vezes deixei de morder a língua antes de fazer uma observação curta?

Minha paciência foi testada com regularidade. Como quando já estávamos atrasados para sair de casa e uma criança ou um adolescente relutante decidia que queria pôr uma roupa diferente. Ou quando finalmente consegui parar no estacionamento da escola, depois de uma cansativa viagem de carro durante quarenta e cinco minutos, e meu filho de nove anos anunciou que tinha esquecido de calçar os sapatos. Ou, ainda, quando um adolescente passivo-agressivo ignorava meus comentários e perguntas, revirando os olhos e indo embora dando de ombros...

> **"Não importa o que aconteça, sempre enxergue o lado bom."**
> De Isabelle para Elsa [Ambérieu-en--Bugey, França]

Houve muitos casos semelhantes em que minha força de vontade não conseguiu vencer meu temperamento francês. Cada incidente foi um teste decisivo para minha capacidade de praticar a autoconsciência e o autocontrole e conseguir regular minhas emoções — um pré-requisito para manter um bom relacionamento com meus filhos.

E, como todas as mães sabem muito bem, isso é fácil de entender, mas muito difícil de executar.

—

Grandes líderes têm um alto índice de inteligência emocional. Eles sabem como controlar suas emoções e a forma como elas afetam as pessoas ao seu redor. Da mesma maneira que as mães tentam validar os sentimentos de seus filhos, esses líderes entendem os outros e demonstram empatia. E, no final, constroem relacionamentos melhores, com base na confiança e no respeito mútuo.

Algumas dessas qualidades podem vir naturalmente. Na maioria das vezes, elas exigirão prática e comprometimento. Entender os fundamentos da inteligência emocional é um bom ponto de partida.

TRABALHE SUA AUTOCONSCIÊNCIA

Com que frequência você faz uma pausa para refletir sobre o seu dia, para pensar em como você reagiu às situações? Muitas pessoas são alheias à sua demonstração de emoções. Elas podem levantar a voz, interromper os outros, ficar de mau humor ou parecer agitadas sem perceber.

As mães não hesitam em alertar os filhos sobre seu comportamento e apontar a razão de ser inapropriado ou, pior ainda, ofensivo. Infelizmente, os líderes raramente têm alguém por perto que possa adverti-los tal qual uma mãe. Dessa maneira, tente alguma introspecção.

No final do dia, pense em como reagiu aos eventos. Reflita se você precisa se desculpar com alguém. **Identifique os gatilhos de suas reações** para que possa responder de modo diferente da próxima vez. Observe se existem padrões na forma como reage a situações difíceis.

Pedir um feedback sincero a um amigo próximo ou um familiar é uma ótima maneira de melhorar sua autoconsciência. E, se possível, pergunte a sua mãe. Ela deve ser capaz de lhe dizer, sem rodeios, o que desencadeia suas explosões emocionais.

PRATIQUE O AUTOCONTROLE

Depois de descobrir os seus gatilhos, você pode controlar seus impulsos. Mas não é tão simples assim. Lembre-se de que autocontrole não significa permanecer em silêncio. Em vez disso, trata-se de **expressar emoções *adequadamente***. Quando estamos sob emoções intensas, todos nós dizemos ou fazemos coisas das quais nos arrependemos. Portanto, observe os sinais e se autorregule.

Primeiro, se notar seu coração acelerado, as palmas das mãos suadas ou as mãos trêmulas, é melhor parar por um momento. Você pode resolver o problema depois de se acalmar. Em seguida, mude seus padrões de pensamento e reformule a situação de maneira positiva.

Por fim, siga o conselho de uma mãe: respire fundo algumas vezes ou conte até dez antes de falar. Fazer isso exige prática, atenção plena e, voltando ao primeiro passo, muita autoconsciência.

MOSTRE EMPATIA

Finalmente, você precisa ter a capacidade de demonstrar empatia. Como líder, não pode dizer a alguém para se sentir de uma maneira ou de outra, pois todos têm direito às suas próprias emoções. Mostrar empatia também não significa que deva concordar. Significa que você **reconhece os sentimentos dos outros, mesmo que não compartilhe deles**.

Ao lidar com alguém que esteja expressando tristeza, preocupação ou frustração, evite falar sobre si mesmo, ainda que esteja apenas tentando justificar suas ações ou mostrar que lidou com circunstâncias semelhantes. Fique longe de frases que começam com "você não pode simplesmente..." ou "pelo menos você tem...", pois isso minimiza os sentimentos da pessoa.

Encontre as palavras certas para tranquilizar a pessoa com quem está lidando, mostrar que ela está sendo ouvida e validar suas emoções. E, na dúvida, um simples "Sinto muito que você se sinta assim" será suficiente.

USE BEM A INTELIGÊNCIA EMOCIONAL

Como líder, você é obrigado a testemunhar alguns acessos de raiva — não do tipo acompanhado por ataques de choro e pés se debatendo, mas uma frustração crescente que eventualmente leva ao desengajamento e, por fim, à rotatividade.

Quando os membros da equipe não conseguem lidar com o estresse que acompanha o trabalho, eles podem se tornar rudes, irritadiços e pouco cooperativos, como uma criança sujeita à superestimulação.

Eventos da vida associados ao estresse no trabalho — incluindo qualquer tensão entre colegas — podem contribuir para uma deterioração gradual de seu desempenho, sem falar na saúde. E, quando está no meio de uma briga, você pode facilmente deixar de ver os sinais de alerta.

No entanto, se tiver tempo para conhecer seus colaboradores, poderá reconhecer os gatilhos e abordá-los antes que seja tarde demais. Você terá um referencial mental de como costumava ser a performance deles e notará quando algo estiver errado. As *red flags* permitirão que intervenha antes que as pessoas cheguem a um ponto sem retorno e se tornem vítimas de esgotamento ou peçam o desligamento da empresa.

Estes são alguns dos sinais de alerta que deve procurar: *você percebe mudanças no desempenho e no comportamento de algum membro da equipe? Eles estão mais confusos ou parecem mais sobrecarregados do que o normal? Ficam de mau humor ou demonstram hostilidade por meio de sua linguagem corporal? São rápidos em refutar? Você percebe desinteresse e distração por parte deles?*

Se notar algum desses problemas, pode ser uma boa ideia envolvê-los no que eu chamaria de "conversa de acompanhamento" a dois. Investigue um pouco. Pergunte quais são as suas expectativas enquanto eles estão a caminho do trabalho todas as manhãs. Se não houver uma resposta clara, você pode ter um desafio em suas mãos. Pergunte o que eles estão interessados em aprender e quais habilidades esperam desenvolver. Um olhar vazio lhe dirá tudo o que precisa saber sobre seus planos dentro da organização.

Vá além e investigue mais: *você já pensou em deixar a empresa? Em caso afirmativo, o que o motivou? Isso aconteceu recentemente? Sua carga de trabalho é gerenciável? Os prazos são realistas? Como posso ajudar a resolver os problemas recorrentes que estão estressando você e fazendo com que se sinta sobrecarregado? Como posso melhorar sua experiência de trabalho?*

Apenas vá cada vez mais a fundo e seja persistente. Se nunca se envolveu com os membros de sua equipe em um nível pessoal ou demonstrou qualquer interesse em seu bem-estar, eles apenas lhe dirão o que quer ouvir e você continuará sem saber de nada. Mas, se investiu no relacionamento desde o início, eles acabarão se abrindo e compartilharão suas frustrações.

Utilize sua inteligência emocional. Pratique a autoconsciência e preste atenção às suas próprias reações à medida que as informações se desenrolarem. Evite comentários e tenha empatia. Novamente, isso não significa que deva concordar com a opinião deles e compartilhar do mesmo ponto de vista. Você apenas tem que reconhecer seus sentimentos e acolher suas opiniões. Mais tarde poderá avaliar o mérito de suas declarações, abordar as preocupações levantadas e agir.

Semelhante à necessidade de estrutura de Margot, o membro de sua equipe pode ter algumas demandas simples que não estão sendo atendidas. Essas frustrações gradualmente aumentam o descrédito, levando ao desengajamento e à alta rotatividade.

No entanto, lembre-se de que às vezes as pessoas só precisam desabafar.

A inteligência emocional é a chave que eleva a eficácia da sua liderança e impacta fortemente a cultura da sua organização. Tudo envolve relacionamentos e interações humanas básicas, e você deve considerá-los a força vital do seu negócio se quiser ter sucesso a longo prazo.

Muito do que se seguirá — construir uma equipe colaborativa, delegar, reconhecer, treinar e fornecer feedback — será significativamente mais fácil se conhecer sua equipe e mostrar a ela que se importa. Primeiro defina expectativas claras para obter resultados bem-sucedidos. É nisso que focaremos agora.

CAPÍTULO SEIS

PORQUE SIM

Quando Jullian fez dezesseis anos e começou a dirigir, compramos um carro usado para ele. Eu adorava a ideia de que ele levaria e buscaria seus irmãos mais novos na escola, aliviando-me das minhas obrigações de carona.

Passei a maior parte dos onze anos anteriores dirigindo para cima e para baixo na I-4, a principal rodovia de Orlando. Se estiver familiarizado com o trânsito na Flórida Central, saberá que viajar na I-4 é como sair de uma lata de sardinha, graças aos milhões de turistas que se aglomeram na região ansiosos para gastar dinheiro nos parques temáticos locais.

Acabei convencendo meu marido de que precisávamos nos mudar para mais perto da escola infantil no centro de Orlando. (Não tenho certeza se *convencer* é a palavra certa, visto que praticamente disse a ele: "As crianças e eu estamos nos mudando para o centro da cidade. Vai se juntar a nós?".)

Então, quando Jullian completou dezesseis anos, estávamos morando a cerca de três quilômetros da escola, o que tornava o deslocamento fácil e seguro. No entanto, Dan e eu estávamos determinados a fazer desse ato um momento de ensino. As chaves da liberdade para o adolescente ansioso teriam um preço.

Mencionei antes que exigimos que nossos filhos soubessem mexer na máquina de lavar louça e de lavar roupa antes de pensarmos neles dirigindo um carro. Os sábios e pragmáticos tio Bob e tia Cherry também sugeriram que registrássemos por escrito as expectativas ligadas a Jullian conseguir seu próprio carro. Dessa forma, faríamos um contrato com nosso filho.

Pagávamos o carro e o seguro, mas Jullian ganharia o dinheiro da gasolina fazendo tarefas domésticas e bicos.

Cobriríamos o custo de manutenção, mas seria responsabilidade dele agendar as trocas de óleo e os serviços regulares.

Esperávamos que o carro fosse mantido limpo e organizado, e sempre tivesse *pelo menos* um quarto do tanque de gasolina. Dessa forma, nosso filho não ficaria sem gasolina em horários estranhos e tendo que reabastecer em um posto esquisito no lado não tão mágico da cidade.

E, nos primeiros três meses, não poderia dirigir com os amigos — até pensei em remover tudo, menos o banco do motorista! Também não poderia enviar mensagens de texto ou falar no telefone enquanto dirigia, nem mexer no rádio. Também exigimos que ele evitasse as rodovias durante a hora de pico, pois era palco de muitos acidentes e motoristas nervosos.

Para garantir, adicionamos, com um lembrete, o toque de recolher que combinamos juntos e listamos todas as consequências caso ele não atendesse a qualquer um de nossos requisitos.

Admito que tudo isso seria difícil de cumprir, mas estávamos empenhados em garantir que Jullian entendesse nossas expectativas da maneira mais clara possível, então digitamos e imprimimos o contrato, e Jullian, Dan e eu o assinamos.

Pode pensar que isso é um exagero, mas lembre-se de que, como mãe, você tem dois objetivos na vida: garantir que seus filhos tenham uma vida melhor do que a sua e mantê-los seguros. Essa atitude era em prol da segurança dele.

Então, Jullian finalmente colocou as mãos no cobiçado volante. Ele saiu pela cidade, dirigindo para a escola e para o treino de futebol. Estava sempre disposto a me ajudar e, bem contente, aproveitava a oportunidade para passear enquanto ouvia suas músicas favoritas no rádio.

Os primeiros meses transcorreram sem problemas. Mas, como todas as coisas boas, isso chegou ao fim. Começamos a notar o carro mais sujo, com copos pegajosos e meias de futebol sujas se acumulando no banco de trás. Não tínhamos ouvido falar muito sobre trocas de óleo e coisas do tipo, e suspeitamos que estava começando a haver um pouco de descuido.

Certa noite de domingo, durante um jantar em família, mencionamos casualmente o assunto do carro e comentamos que ele parecia abandonado. Jullian foi rápido em nos garantir o contrário. "Sejamos justos, vamos verificar isso depois do jantar", disse meu marido.

Uma hora depois, Dan estacionou o carro na garagem e começou a esvaziá-lo *em nosso jardim de frente para a rua*. Bem, você pensaria que tínhamos separado coisas para abrir um bazar! Havia ferramentas, livros, trabalhos escolares, camisas de futebol suficientes para uniformizar um time inteiro, roupas sujas, cabides, muitas latas de refrigerante vazias, cobertores, travesseiros, embalagens de comida descartadas e uma seleção de calçados — em sua maioria, nenhum com seu par.

Eu não estou brincando.

Por sorte, vimos que a gasolina também estava perigosamente perto de zero e a luz do motor de serviço estava acesa. Desnecessário dizer que nem Dan nem eu ficamos empolgados, e Jullian parecia bastante envergonhado. Seus irmãos estavam se preparando para a tempestade que se aproximava rapidamente. Mas não houve drama.

Eu simplesmente abri o contrato no meu notebook, calculei as penalidades que havíamos estipulado para cada transgressão e informei a Jullian quantos dias ele teria que abrir mão do carro e ficar de castigo. Isso totalizou três semanas!

Como você bem sabe, os adolescentes apreciam sua liberdade e o acesso aos amigos, então essa foi uma punição severa. No entanto, devemos dar crédito ao nosso filho, que aguentou a repreensão e nada disse. O que poderia facilmente ter se transformado em uma discussão, acusações de tratamento injusto ou, pior ainda, gritos e portas batendo com força transcorreu de forma pacífica. Por quê? Porque as expectativas foram claramente estabelecidas. Não havia espaço para interpretação.

Quando os combinados são claros e compreendidos por todas as partes, não há necessidade de discussão. Você volta ao que foi acordado, compara-o com o comportamento que está sendo questionado e identifica as discrepâncias e as consequências, caso sejam necessárias ações disciplinares. Destaque o que precisa mudar dali para a frente e, em seguida, meça o progresso e a melhoria.

Jullian teve uma atitude exemplar. Ele limpou completamente o carro, agendou a troca de óleo e voltou para a carona da família durante a punição.

No momento em que as três semanas expiraram, ele tinha um apreço renovado pela independência e autonomia e fez um trabalho muito melhor na manutenção de seu carro daquele ponto em diante. Lição aprendida!

—

"Porque sim!" Quantas vezes eu falei essa frase? Mais do que eu gostaria de lembrar. Na maioria das vezes, eu podia confiar no fato de ter estabelecido expectativas claras. Na ocasião, eu não tinha tanta certeza.

Como líder, você pode se encontrar em uma situação semelhante. Pode *pensar* que foi claro sobre as regras de engajamento apenas para descobrir que suas expectativas não eram tão claras, afinal.

No entanto, estabelecer expectativas claras é uma das responsabilidades fundamentais da liderança. Pense nisto: o que significa liderar? A maioria das pessoas concordaria que se trata de organizar, dirigir e apoiar uma equipe para executar uma tarefa, que deve ser bem definida e comunicada.

Pode haver momentos em que você sabe ao certo o que precisa ser feito, mas falha em comunicar essas metas com clareza. Nesses casos, a falta de uma execução bem-sucedida cai diretamente sobre seus ombros.

Sua equipe precisa de clareza. Ela necessita que as tarefas sejam bem definidas, com instruções precisas, e deve saber quais são os resultados esperados. A seguir, oriento como fazer isso.

NÃO DEIXE ESPAÇO PARA INTERPRETAÇÃO

Sem clareza, compreender as expectativas gera ruídos.

Quando dissemos a Jullian para manter seu carro limpo, sua definição de limpeza acabou sendo muito diferente da nossa. Aprendemos que, para alcançar determinado resultado, precisávamos fornecer detalhes específicos. Portanto, considere o que precisa em termos de resultados, comportamentos e comunicação. **Quanto mais tempo você gastar antecipadamente pensando em detalhes e trazendo clareza, mais perto chegará do resultado desejado.**

Isso também lhe trará o benefício de facilitar a comunicação, permitindo que descreva bem a tarefa e avalie se a pessoa designada se sente confortável com ela.

> **"Antes de esperar que alguém faça algo por você, entenda o que é preciso para fazer bem-feito!"**
> De Amalita para Mafalda [Uruapan, Michoacán, México]

Eles têm perguntas, dúvidas ou hesitações? Permita que se expressem. Questione-os para se certificar de que entenderam o resultado que está procurando. Melhor ainda, mostre a eles.

Quando comecei a trabalhar no varejo da Disney, fui instruída a demonstrar cortesia — um dos padrões de qualidade da empresa. Equivocadamente pensei que isso significava ser cortês usando as "palavras mágicas" *olá*, *por favor*, *obrigado* e *até mais*.

Um dia, enquanto trabalhava no pavilhão da França no Epcot, uma líder veio me ajudar na loja. Como a quantidade de pessoas havia diminuído, ela aproveitou essa calmaria para me perguntar sobre minhas duas primeiras semanas no trabalho, além de conversar sobre minha adaptação à Disney e à cultura americana.

Quando uma família convidada entrava na loja, ela os cumprimentava e perguntava sobre a viagem, de onde eram e se já conheciam a França. Ela se ajoelhou para se dirigir às crianças ao nível dos olhos, perguntou sobre seus personagens favoritos e deu dicas e sugestões para o restante de seu tempo na Disney World. Então se despediu deles com um entusiasmado "Tenha um dia mágico!".

Enquanto assistia àquela interação, ficou claro para mim que a experiência dos convidados no Pavilhão da França se concentrava em conhecer os cidadãos franceses e aprender um pouco sobre a cultura francesa ao longo do caminho. Mais importante, a qualidade da experiência deles dependia de nossa capacidade de fazê-los se sentirem especiais. Para mim, essa líder demonstrou como devia ser a interação. Foi a cortesia da Disney em ação.

Observá-la causou uma impressão duradoura em mim. Foi desenhada uma imagem vívida do nível de serviço que eu deveria fornecer. Percebi que, até aquele momento, não havia cumprido adequadamente os padrões esperados dos membros do cast da Disney.

Entendi que o ocorrido não foi uma coincidência. Mesmo sabendo o que fazer, essa líder descobriu uma maneira diplomática, porém eficiente, de *demonstrar* as expectativas. Ao fazer isso, ela me forneceu clareza.

Lembrei-me dessa mesma lição quando, tempos depois, decidi ensinar meus filhos a interagir com outras pessoas. Ensinei-os a apertar as mãos para cumprimentá-las e a olhá-las nos olhos ao fazê-lo. Eu esperava que eles demonstrassem interesse por elas fazendo perguntas e conversando sobre amenidades.

Embora eu lhes ensinasse todas essas coisas, também sabia que a melhor maneira de aprenderem era por meio do exemplo. Ouvir *e* ver como fazer isso daria a eles a clareza necessária para imitar o que se esperaria deles mais tarde na vida.

SEJA REALISTA

Ao definir as expectativas, certifique-se de que seu pedido é realista. Sob diversas pressões, e ansiosos para fazer as coisas, os líderes muitas vezes não conseguem pensar na tarefa.

Pergunte a si mesmo: *estou atribuindo esta tarefa a alguém que tem a capacidade e os recursos para entregar os resultados?*

Uma mãe não encarregaria uma criança de cinco anos de lavar a própria roupa. Ajudar a separar por cores seria mais apropriado para a idade. Mais tarde, ela ensina o filho a mexer na máquina de lavar, depois a dobrar a roupa limpa até que, um dia, essa criança seja capaz cuidar da roupa toda.

Da mesma forma, adapte suas diretrizes aos novos membros da equipe e atribua a tarefa à pessoa mais bem preparada para realizá--la. Eles não querem parecer incompetentes e, portanto, raramente adiam uma tarefa — mesmo quando não possuem todas as habilidades e os recursos para cuidar dela. Lembre-se: eles estão tentando impressionar você.

INCLUA UMA LINHA DO TEMPO

Na minha opinião, a pior sigla do mundo dos negócios é, sem dúvida, ASAP.* O que significa "o mais rápido possível"? Ter a tarefa concluída em uma hora? Um dia? Uma semana? Quando sobrar um tempo em sua agenda?

Ao pedir a alguém para cuidar de algo o mais rápido possível, o que você imagina pode não estar dentro das possibilidades. Pedir a alguém para fazer algo o mais rápido possível deposita uma pressão desnecessária sobre a pessoa que assumiu essa responsabilidade. Isso implica que o tempo de conclusão supera a qualidade e que essa tarefa tem prioridade sobre todas as outras.

Costuma-se atribuir prazos dessa forma, o errado é você. Seja específico. Quer que algo seja feito até o final do dia útil? Apenas diga isso. A tarefa é para a semana seguinte? Estabeleça uma data. O projeto vem com prazo flexível? Defina uma data, mas informe a eles que é negociável. Se não deseja que o membro da sua equipe vá até você na noite anterior à data-limite e peça uma prorrogação, defina também um prazo para negociação.

Não importa o que aconteça, *seja específico* em relação aos cronogramas e às prioridades. "O mais rápido possível" é vago em detalhes e ineficaz para estabelecer uma ordem de prioridade.

---

* No original, ASAP é a sigla para a expressão *as soon as possible*, que, em português, é traduzida livremente como "o mais rápido possível". [N. E.]

DIVIDA AS EXPECTATIVAS EM COMPORTAMENTOS ESPECÍFICOS

Sua posição como líder lhe dá uma visão panorâmica de sua organização, de seus objetivos e dos recursos à sua disposição. Você também entende quais comportamentos são necessários para atender às expectativas.

No caso de Jullian, poderíamos ter dito a ele "Cuide-se!" e torcer para que nada de ruim acontecesse. No entanto, sabíamos que seria muito mais eficaz que ele soubesse, especificamente, quais comportamentos o manteriam seguro — nada de celular, nada de mexer no rádio, nada de carona para os amigos e nada de dirigir nas rodovias em horário de pico.

> **"Porque eu disse que sim, é por isso!"**
> De cada mãe para cada filho no mundo inteiro

Isso também vale para sua equipe. Ser transparente sobre o comportamento que espera pode parecer um exagero, mas lembre-se: ser claro é ser gentil. Se quiser que eles usem gravata e paletó para sua cerimônia de premiação anual, por exemplo, informe isso e evite se decepcionar com a interpretação de alguém sobre a definição de *traje de negócios*.

EXPLIQUE O PORQUÊ

Tendo criado três adolescentes, posso atestar o fato de que eles irão desafiá-lo e questionar todas as suas decisões. Descobri que, se explicar seu raciocínio, é mais provável que tenha suas expectativas atendidas.

Assim como os adolescentes, os membros da equipe às vezes não conseguem compreender o impacto ou as implicações de longo prazo de uma ação. Explicar o motivo de uma ação ser importante para você e para a equipe em geral garantirá que as chances de estarem em conformidade com o que é esperado sejam maiores.

EXAGERE NA COMUNICAÇÃO DAS EXPECTATIVAS

Certo dia, minha amiga Mary e eu fomos ao cinema com sete crianças pequenas. Isso incluía meus três filhos e Hannah e Naomi, as filhas pequenas de minha amiga Marcy.

O filme estava prestes a começar quando passei um grande saco de doces para as crianças dividirem. Nos poucos segundos de silêncio entre o final de um comercial e o início do filme, uma vozinha se ergueu para todos ouvirem: "Senhorita Valerie, este doce é kosher? Porque, se não for kosher, minha mãe diz que não posso comer". A pergunta foi feita por Naomi, de cinco anos, sentada bem no final da fileira.

O cinema inteiro riu alto. De minha parte, não pude deixar de me perguntar: *como você comunica as expectativas com tanta clareza a ponto de uma criança de cinco anos sentada no escuro de uma sala de cinema, sem a mãe,* não *comer um pedaço de doce?*

Repetição. É o que torna isso possível. Quando as expectativas são simples e comunicadas com frequência, elas ficam em primeiro lugar. É assim que líderes e mães convencem sua equipe ou seus filhos de que o comportamento que esperam deles é o certo.

COLOQUE NO PAPEL

Assim como fizemos para Jullian, crie um documento escrito. Isso fornecerá à sua equipe algo em que eles possam se basear. Alguns indivíduos precisam de tempo para pensar sobre as coisas, processar suas atribuições e entender claramente os resultados esperados. Quando chegar a hora de avaliar a qualidade do trabalho de sua equipe, será muito mais fácil compará-la com as expectativas que você definiu.

—

Grandes líderes são como grandes mães. Suas expectativas não devem dar margem para interpretação. Eles podem dividir e atribuir tarefas, certificando-se de que os membros de sua equipe saibam o que é necessário, tenham tudo de que precisam e estejam preparados para o sucesso. Mais importante, eles sabem o motivo por trás dessas expectativas e podem articular onde uma tarefa se conecta com os objetivos gerais da equipe.

Como os grandes líderes sempre olham para o futuro, eles têm uma visão clara para levar a organização adiante. Talvez esperem adquirir participações de mercado adicionais, melhorar o reconhecimento de sua marca, aventurar-se em um novo segmento e causar impacto em seu setor ou em sua comunidade — até mesmo no mundo.

Para uma mãe, trata-se, em última análise, do tipo de vida que seu filho poderá desfrutar como adulto, daqui a cinco, dez, vinte anos. Para os líderes, trata-se de estabelecer uma meta de longo prazo para que possam continuar expandindo seus negócios e garantir a sustentabilidade deles.

CAPÍTULO SETE

O QUE PODE ACONTECER

Dan e eu adoramos esportes e compartilhamos essa paixão com nossos filhos, e tínhamos esperança de que eles, uma hora ou outra, buscassem um estilo de vida saudável e desenvolvessem um espírito competitivo — o que acabou acontecendo.

Margot era uma ótima jogadora de futebol, um esporte que ela aprendeu aos sete anos. Eu me ofereci para ser treinadora em seu primeiro ano de futebol, e meu amor pelo esporte compensou minhas habilidades limitadas. Ela também jogava tênis, como eu, e rapidamente desenvolveu um *backhand* razoável e um ágil *footwork*.*

Eu me alegrava em ver minha filha praticando os dois esportes que eu mais amava e ficava feliz em passar o tempo na beira de campos de futebol ou das quadras de tênis torcendo por ela.

Com a agenda cada vez mais lotada, Margot optou por abrir mão do tênis para se dedicar inteiramente ao futebol. Aos onze anos, juntou-se a um time de futebol itinerante. Nós duas percorremos um número

---

* No tênis, *backhand* é o nome da jogada que bate a bola no lado oposto ao da mão dominante. *Footwork* é como se denomina a movimentação organizada e coordenada dos pés no esporte. [N. E.]

considerável de quilômetros dirigindo para os jogos de fim de semana na Flórida e em vários outros estados.

> **"Tenha uma carreira que pague bem e depois siga seus sonhos."**
> De Tami para Susi
> [Curitiba, Brasil]

Margot se destacou em campo com sua altura, velocidade e força, e ela também jogava como lateral ou atacante. Quando completou catorze anos, o time Orlando City a recrutou para jogar na Elite Club National League (ECNL).

Jogar na ECNL envolvia participar dos chamados torneios de exibição em todo o país, o que fez Margot perder muitos dias na escola.

Quando questionamos a necessidade de tal compromisso, os treinadores foram rápidos em apontar o potencial de Margot, então cogitamos a ideia de ela buscar o futebol no nível universitário. Margot gostava de ser atleta e aprovou a ideia.

Embora eu não depositasse minhas esperanças nisso, fiquei de olho na estrada pensando nas possibilidades que *poderiam surgir*. Eu estava determinada a ajudar minha filha a atingir seu potencial.

Discutimos o que implica ser uma atleta universitária e as experiências que ela adquiriria. Isso inspirou Margot. Ela podia ver o lado positivo disso — o conceito mais amplificado de estudar, a competição, o benefício de ter um grupo próximo de amigos, as aulas particulares adicionais a que ela poderia ter acesso e possivelmente até mesmo aulas gratuitas. Ela endossou a ideia e começou a explorar vários programas.

Comprometi-me a orientar Margot nesse processo, oferecendo apoio, conselhos e encorajamento.

Enquanto isso, Jullian e Tristan, grandes jogadores de futebol por mérito próprio, também jogavam em times itinerantes, e Dan e eu tínhamos que garantir que os meninos chegassem às suas respectivas partidas. Isso significava que nossa família de cinco pessoas raramente passava um fim de semana reunida. Ainda assim, sabíamos que sacrificar esses dias era um pequeno preço a pagar para ajudar nossos filhos a seguirem suas paixões e realizarem seus sonhos.

Tudo parecia ir na direção certa para as aspirações de futebol universitário de Margot. Mas então fomos a Washington.

A Universidade de Georgetown convidou o time de Margot para passar um tempo com o pessoal da primeira divisão. O time foi conhecer as instalações, e praticaram alguns exercícios com a equipe feminina. Em seguida, a capitã da equipe e algumas jogadoras fizeram uma sessão de perguntas e respostas com as meninas e compartilharam sua rotina diária como atletas universitárias.

Elas mencionaram os treinos matinais, outros treinos feitos duas vezes ao dia, os estudos de partidas em vídeo, as aulas particulares para acompanhar as demandas acadêmicas e, claro, as viagens para os jogos. Enquanto falavam, não pude deixar de notar a expressão no rosto de Margot. O que vi em seu rosto não foi animação e interesse — em vez disso, ela parecia sobrecarregada e sem inspiração.

Na volta para casa, Margot começou a reconsiderar suas opções. Talvez a primeira divisão não tenha sido uma boa ideia, afinal. A terceira divisão poderia ser uma opção melhor? Certamente envolvia menos pressão e um compromisso de tempo mais administrável.

Independentemente de sua escolha, eu a apoiaria.

Nos meses que se seguiram, duas das melhores faculdades da terceira divisão mostraram grande interesse em Margot, então ela foi visitá-las para se encontrar com a comissão técnica. Quando chegou a hora de se comprometer, ela continuou enrolando. No outono do último ano do ensino médio, Margot finalmente se decidiu. Ela não queria jogar futebol na faculdade. Ponto-final. Ela queria estudar administração e aproveitar a vida acadêmica sem as implicações e exigências de um esporte competitivo.

Nossos planos e nossa visão de longo prazo foram interrompidos bruscamente. Dan e eu sabíamos que não devíamos tentar mudar a opinião de Margot. Seu desejo de ser uma atleta universitária veio e se foi.

Como mães, temos grandes aspirações para nossos filhos. Queremos que eles se tornem ainda mais bem-sucedidos do que nós. Vislumbramos grandes feitos atléticos, carreiras brilhantes, conquistas e, por que não, aclamações e elogios. Com essa imagem em mente, tentamos guiá-los nessa direção sem influenciar demais. Continuamos nos lembrando: *são as vidas, as carreiras e os sonhos deles* — não os nossos.

Dan e eu tínhamos uma imagem vívida de como poderia ser a experiência universitária de Margot, mas não era para ser. Então, voltamos à estaca zero e a ajudamos a reformular sua rede para uma variedade de faculdades de administração.

O que mais importava para nós era saber que ela estava seguindo seu próprio caminho, mesmo que isso significasse mirar em um horizonte totalmente oposto. Ela acabou encontrando sua felicidade na Universidade de Colorado Boulder e concluiu seu curso de administração em marketing enquanto aproveitava a vida no campus, vários estágios e as belas trilhas e pistas de esqui do Colorado.

—

Os pais não devem ditar os objetivos de longo prazo para a vida de seus filhos, mas certamente podem ajudá-los a identificar o caminho certo para a escolha de carreira. Como líder, você tem uma visão panorâmica de sua equipe, departamento ou organização. Forneça a eles um destino claro, prepare o caminho e coloque-os na rota certa. Embora seja tentador (e muitas vezes necessário) manter a cabeça enterrada nas operações do cotidiano do seu negócio, alguém precisa ficar de olho no caminho e traçar um curso de ação. *O que estamos tentando alcançar? Para onde queremos ir?* Essas são questões existenciais para as quais você, como líder, deve dar uma resposta.

Ao definir a base para uma empresa de sucesso, você precisa definir como será esse sucesso e, em seguida, construir sua estratégia em torno dessa visão. Parece simples, não é?

Você ficaria surpreso ao ver quantos líderes "apenas no nome" não identificam um objetivo claro nem estabelecem uma estratégia abrangente. Alguns deles até conseguem, mas esse sucesso geralmente dura pouco. Sem uma visão clara, os membros da equipe podem facilmente ficar confusos, perdidos, desencorajados ou frustrados.

Para garantir que você reúna o comprometimento e o entusiasmo de sua equipe, eis alguns marcos aos quais deve prestar atenção.

> **"Por que não deveria ser você quem consegue o que quer? Eu aposto em você! Faça um plano, mostre um pouco de ousadia, passe um batom e vá em frente!"**
> De Anette para Aileen
> [Virginia Beach, VA, EUA]

TENHA UM DESTINO CLARO

A definição de uma visão organizacional clara começa com você como líder. Saiba para onde quer levar sua equipe, seu projeto, seu departamento ou, se for quem toma a decisão final, sua empresa.

Essa visão se torna sua estrela-guia, o destino que ancora sua estratégia e determina o manual pelo qual toda a sua equipe deve operar. Isso lhe permite manter o foco nos aspectos mais importantes do seu negócio.

Comece imaginando onde espera estar daqui a cinco ou dez anos. Pense bem e preencha todos os espaços em branco. Quanto mais detalhado for o plano que fornecer, mais fácil você e sua equipe permanecerão no caminho.

Sua visão não deve ser uma meta financeira. Objetivos financeiros são pouco inspiradores. As mães não acordam os filhos de manhã dizendo que precisam ir à escola para tirar boas notas. Elas os atraem com o aprendizado, a socialização e a diversão que os espera.

Crie uma imagem que cativará a imaginação de sua equipe, algo que fará vocês saírem da cama sabendo que estão trabalhando coletivamente em busca de um grande destino. Ninguém quer seguir um líder quando o objetivo está cercado de indecisão e hesitação. Os funcionários se envolvem mais se os objetivos são claros, quando podem ver o caminho e as metas gerais os impressionam.

Para abranger mais possibilidades, conte com a ajuda de colaboradores próximos, até mesmo parceiros externos — qualquer pessoa que possa trazer inovação, visão e espírito pioneiro para a mesa. A perspectiva de quem está do lado de fora traz uma nova forma de pensar e pode ampliar o horizonte.

SEJA AMBICIOSO, MAS REALISTA

Sua visão deve inspirar e estar enraizada nos pontos fortes, nos talentos e na singularidade de sua organização. Você não orientaria seus filhos a perseguirem uma carreira para a qual eles não têm habilidades ou aptidões. Da mesma forma, não deve liderar sua equipe ou empresa por um caminho se não tiver vontade, meios ou recursos para essa tarefa. Portanto, certifique-se de que sua visão esteja alinhada com o que você tem à sua disposição.

Se não tem nenhum dos itens citados e sente fortemente que o correto é o objetivo de longo prazo, concentre sua energia em preencher essas lacunas antes de seguir em frente. Nada mata o entusiasmo mais rápido do que almejar um destino inatingível.

COMPARTILHE SUA VISÃO

Metas organizacionais ambiciosas não podem se tornar realidade sem o trabalho e o comprometimento de toda uma equipe. Conduza a imaginação dos seus funcionários e transforme colaboradores passivos em participantes ativos.

Sua equipe só consegue ver o agora. Como resultado, eles restringem suas ambições ao ambiente imediato. Amplie sua visão desenhando uma imagem *de tudo o que poderia ser*.

Pense nisto: quando as mães perguntam aos filhos o que eles querem ser quando crescerem, a maioria das crianças responde que quer ser professora, médica, bombeira ou atleta. Elas podem até gravitar em torno da profissão de seus pais. Por quê? Isso é *o que elas conhecem*. Assim, as mães se encarregam de abrir os olhos de seus filhos para as inúmeras possibilidades que a vida oferece.

Isso também é o que os líderes podem fazer por suas equipes: expandir seus horizontes e deixá-los ver o que pode acontecer. Ajude-os a imaginar como podem fazer parte desse futuro e assumir a iniciativa, entendendo como suas funções e responsabilidades contribuem para o quadro geral.

> **"Você pode ser o que quiser ser."**
> De Sunshine para Cherry [Chevy Chase, MD, EUA]

A maioria das pessoas trabalha por dinheiro e benefícios. Mas **também querem se sentir relevantes e contribuir para algo maior do que a soma de suas responsabilidades**.

As gerações mais jovens que entram no mercado de trabalho hoje estão conscientes do legado que deixarão para as próximas e como impactarão o mundo ao seu redor. Elas querem fazer parte de um propósito maior e de um bem maior. E cabe a você, como líder, fornecer isso, fomentar uma visão que valha a pena perseguir.

O crescimento pessoal também é uma motivação primordial. A maioria dos funcionários procura crescer em uma organização. Se eles não puderem ver a direção que você está seguindo, ficarão entediados rapidamente e procurarão um futuro mais promissor em outro lugar.

Os grandes membros da equipe desejam se desenvolver, ampliar suas habilidades, expandir seus conhecimentos e enfrentar projetos novos e inspiradores. Uma empresa que não tem objetivos e estratégias claros de longo prazo não oferece nenhum dos itens acima.

MANTENHA-O NA FRENTE E NO CENTRO

Depois de definir um destino, sua visão precisa permear toda a organização, desde a tomada de decisões até o reconhecimento e o feedback. Deve se tornar o padrão pelo qual você mede o progresso.

A Disney faz isso excepcionalmente bem. O único objetivo da empresa é criar experiências mágicas para seus hóspedes, e, ao fazê-lo, ela se torna a empresa de entretenimento número um. Como resultado, "fazer mágica" passa a integrar cada comunicação interna, reconhecimento, feedback de desempenho e narrativa que ocorre todos os dias em todos os parques temáticos e hotéis da Disney.

Quer os membros do cast trabalhem diretamente com convidados ou em uma função de apoio, sejam eles funcionários *freelancers* ou executivos, todos estão de olho no objetivo. E, pessoal, eles entregam o que prometem! Pode parecer um exagero, mas funciona.

Pode perguntar a qualquer membro do cast: "O que vamos fazer hoje?", e eles dirão que farão mágica. Deixe eu te dizer: quando você torna algo a peça central de tudo o que fala e faz, isso se torna memória muscular.

Como fazer isso acontecer? Você deve comunicar, comunicar e comunicar. A repetição não é o recurso de pedagogia favorito de uma mãe? Pense em quantas vezes as mães lembram seus filhos de escovar os dentes até que isso se torne parte de sua rotina diária. Da mesma forma, se quiser reunir sua equipe em torno de um objetivo, será necessário repetir. Você não pode simplesmente colocar uma declaração de visão em uma parede ou em seu site e relembrá-la uma vez por ano.

Uma vez que a visão esteja totalmente enraizada no DNA de uma organização, a construção de uma estratégia se torna mais fácil. Você pode começar com seu alvo em mente e pesar todas as decisões que tomar contra ele, direcionar todas as suas expectativas para esse destino e garantir que cada passo vá nessa direção.

ESTEJA PREPARADO PARA MUDAR

Se perceber que a concorrência está quase te alcançando, que está lutando para progredir, que tem problemas para atrair candidatos para vagas de emprego ou que está lidando com atrito, pode ser hora de reavaliar seus objetivos de longo prazo. Talvez sua visão não esteja acompanhando a realidade. Talvez esteja desatualizada e tenha ficado obsoleta. Talvez não inspire.

As coisas mudam e mudam rápido. Lembre-se de que o caminho para o sucesso não é tão claro como costumava ser. Agora esse caminho está ofuscado pelos constantes avanços da tecnologia e pela globalização.

O local de trabalho e o mercado agora exigem novas habilidades. Pense na sua equipe como se fosse um filho seu. À medida que cada membro da equipe cresce e amadurece, você entende melhor a singularidade, os pontos fortes e potenciais deles. Às vezes, esse potencial não é suficiente para entregar a visão que você esperava. Às vezes, a competição em sua área se tornou muito intensa. Se não conseguir resolver esses problemas, não hesite em ajustar ou reformular sua visão ou até mesmo em mudar completamente de direção. Alguns líderes e organizações que falharam em fazer isso pagaram o preço a longo prazo.

Assim como na carreira esportiva de Margot, às vezes você deve estar preparado para desistir e fazer uma nova tentativa. Isso não é apenas perfeitamente aceitável, é necessário para o ambiente de hoje. Como diz o ditado, **você não pode direcionar o vento, mas pode ajustar as velas**.

Ao criar filhos, as mães fornecem a eles um trampolim, não um caminho rápido. Uma pista rápida pode causar visão de túnel, miopia, pontos cegos — pode até mesmo resultar em um beco sem saída. Por outro lado, o trampolim dá impulso a eles, impulsiona-os para cima e, mais importante, fornece-lhes uma perspectiva mais ampla. Como líder, pense nessa visão sendo você o trampolim para o seu negócio.

> **"Confie no seu instinto e siga em frente!"**
> De Dany para Veronique
> [Santeny, França]

—

Então você preparou o terreno para o sucesso. Garantiu a contratação de parceiros e membros da equipe que têm o caráter como característica mais importante. Você criou processos eficazes de integração e treinamento, e não apenas construiu um *rapport* * como continua a nutrir relacionamentos saudáveis. Definiu expectativas e lançou uma visão clara para orientar sua equipe e sua organização em direção a uma meta ambiciosa. Os elementos fundamentais estão agora no lugar.

Em seguida, pode concentrar sua atenção nos comportamentos do dia a dia que estimularão o engajamento dos funcionários. Isso é o que chamo de ***modus operandi* da liderança**: criar um ambiente de confiança, fornecer feedback, recompensar as equipes, comunicar-se com eficácia e modelar os comportamentos apropriados... coisas nas quais os líderes devem se concentrar todos os dias.

Esses hábitos de liderança transformam os funcionários em membros de equipe produtivos e altamente engajados. É nisso que vamos nos concentrar na parte dois.

---

* *Rapport* é uma expressão inglesa de origem francesa (do verbo *rapporter*) que pode ser traduzida como "criar uma relação" (tradução livre). [N. E.]

PARTE DOIS

MODUS OPERANDI

CAPÍTULO OITO

CONFIE EM MIM

Nosso filho mais novo, Tristan, sempre foi destemido. Enquanto Jullian e Margot eram ativos e aventureiros, ele era um audacioso absoluto. Com apenas seis meses, Tristan conseguiu escapar de seu berço.

Quando começou a engatinhar, ele se escondia nos armários da cozinha, subia na bancada do banheiro e até entrou na secadora quando virei as costas. Uma vez, Tristan agarrou a porta da garagem quando ela se abriu e se pendurou enquanto ela subia para poder se pendurar no teto! E fez tudo isso antes de completar dois anos.

Aos seis, sabíamos que devíamos olhar *para cima* sempre que ele desaparecia. Nós o achávamos no topo de uma árvore, no telhado da casa ou no degrau mais alto de uma escada. Com dez, ele começou a praticar parkour, um esporte que envolve correr e saltar sobre obstáculos urbanos enquanto faz movimentos e cambalhotas.

Mães bem-intencionadas me davam sermões sobre como eu era irresponsável por permitir que Tristan fizesse o que ele fazia, mas eu conhecia as habilidades atléticas inatas de meu filho e confiava que ele sabia instintivamente o que podia ou não fazer — embora ficasse apavorada às vezes. Tenho o prazer de informar que ele chegou à idade adulta ileso, pelo menos na maior parte do tempo.

O fato é que uma das responsabilidades mais difíceis da maternidade é manter os filhos seguros enquanto os criamos para serem independentes e poderem sair por conta própria no momento apropriado.

Com o instinto de proteger aqueles que amamos — especialmente aqueles que criamos —, um afastamento parece contraintuitivo. Mas as mães também entendem que, para os filhos se tornarem independentes, chega um momento em que precisamos dar um passo para trás e deixar que eles tentem as coisas por si mesmos, tomem suas próprias decisões e corram riscos. Embora nosso instinto maternal nos impulsione a protegê-los, sabemos que não devemos protegê-los de desafios ou erros.

Então, desde cedo, afrouxamos nosso controle e gradualmente permitimos que nossos filhos tenham alguma liberdade de ação. Em casa, deixamos que as crianças escolham as roupas que vão vestir e fechamos os olhos para as gafes da moda. Consentimos que decidam quais alimentos querem comer ou não e, no parquinho, deixamos que nossos filhos testem suas habilidades físicas e escolham seus companheiros de brincadeira.

Durante esses primeiros anos, deixamos que nossos filhos se afirmem aos poucos e ganhem confiança em suas próprias habilidades de tomada de decisão. Eles por fim aprendem a confiar em seu próprio julgamento, sabendo muito bem que a mãe está lá para apoiá-los e aconselhá-los, se necessário.

Quando os filhos chegam ao ensino médio, são fortemente influenciados por seus amigos e, infelizmente, pela TV e pelas mídias sociais. Então, a dinâmica muda. Embora ainda possam contar conosco para todas as necessidades fisiológicas, eles começam a desafiar nosso julgamento.

Na adolescência, se afastam e buscam isolamento. Isso apresenta um obstáculo de confiança significativo. Nesse período, os filhos buscam mais privacidade, mas as mães tendem a imaginar o pior. (Tenho que dizer que as possibilidades são infinitas.)

As mães tentam navegar nessas águas traiçoeiras com diplomacia, paciência e autocontrole — alguns dias com sucesso, outros dias... não muito. É comum que haja diversas reviradas de olhares. Enquanto os adolescentes fazem lobby por mais liberdade, as mães devem determinar o quanto confiar no julgamento deles.

Durante esse período, tentamos encontrar o equilíbrio certo entre ser muito permissivo ou autoritário. Não existe fórmula mágica. O grau em que confiamos em seu julgamento depende de quão bem conhecemos nosso filho. É por isso que tentamos manter uma linha de comunicação aberta o tempo todo e, na esperança de coletar informações relevantes, nos envolvemos em discussões banais. Gentilmente sondamos nossos adolescentes com várias perguntas, tentando avaliar seus pensamentos ou identificar problemas com os quais eles possam estar lidando.

Adolescentes são como ostras — eles eventualmente se abrem. E qualquer mãe presta atenção quando isso acontece, para aprender sobre os desafios que seus filhos enfrentam, as decisões que tomam, as pessoas que admiram e os amigos com quem convivem. Devagar e sutilmente, as mães tentam transmitir algumas palavras de sabedoria ou conselhos gentis, esperando poder influenciar seus filhos adolescentes.

Durante essas conversas, há pérolas de informação a serem colhidas para que o entendimento mútuo acabe se formando e amenizando um pouco a ansiedade materna.

Ao longo da infância, haverá quebras ocasionais de confiança — às vezes, pode ser apenas uma simples mentira quando as crianças tentam se livrar de problemas. Certa vez pegamos Jullian, de oito anos, em flagrante. Ele havia esquecido de pedir nossa aprovação para uma viagem de campo e tentou forjar uma assinatura no formulário de autorização para poder apresentá-lo a tempo. Percebendo que era um falsificador inábil, escreveu de forma hilária "desculpe a pressa" ao lado da assinatura, na esperança de escapar de suspeitas. Tivemos uma grande conversa sobre confiança e, você acertou, deixamos Jullian de castigo e ele não foi à excursão.

"Diga-me com quem andas e te direi quem és."
De Dona Luci para Vanessa [Itajubá, Minas Gerais, Brasil]

Outras vezes, uma quebra de confiança pode ter mais consequências. Um dia, recebemos um telefonema alarmante de Tristan tarde da noite, quando ele tinha dezessete anos. "Estou com a polícia", ele nos disse. "Você tem que vir me buscar."

Bem, eu mencionei anteriormente que Tristan adora parkour e se joga em todas as oportunidades (sem trocadilhos) para testar suas habilidades. Naquela noite, ele e dois amigos entraram em um canteiro de obras onde notaram um monte de areia logo abaixo do que se tornaria um estacionamento de dois andares. Era a plataforma de pouso perfeita para uma cambalhota.

O canteiro de obras não era cercado, mas era propriedade privada mesmo assim, então os meninos estavam invadindo. Alguém viu e chamou a polícia.

Os policiais, que sem dúvida tinham coisas melhores para fazer, estavam ansiosos para ensinar uma lição aos adolescentes. Depois de assustar os meninos, ameaçando registrar queixa, os policiais se ofereceram para deixá-los ir com uma condição: teriam que pedir a seus pais que fossem buscá-los no canteiro de obras.

Quando chegamos, os policiais nos tranquilizaram dizendo discretamente que os meninos foram obedientes e tinham sido muito respeitosos durante todo o encontro.

Agradecemos aos policiais, voltamos para casa em silêncio e mandamos Tristan para seu quarto, deixando o confronto para a manhã seguinte. Tínhamos que dar tempo para que nossa raiva se dissipasse, sabendo muito bem que situações carregadas de emoção não são propícias a momentos de ensino.

> **"Sempre olhe além do que está diante do seu nariz."**
> De Anna para Annick
> [Lyon, França]

Na manhã seguinte, discutimos calmamente com Tristan as implicações de seu mau julgamento. Primeiro, ele não cumpriu o que fora combinado (sair para comer um hambúrguer com os amigos). Segundo, ele e os amigos entraram ilegalmente em uma área privada e isso poderia ter consequências sérias.

Considerando que a Flórida é um estado que aprova o uso da lei Stand Your Ground,*estaria dentro dos direitos de um segurança da propriedade atirar neles no local. No escuro, alguém poderia facilmente confundir três adolescentes com ladrões sem escrúpulos. Nada disso passou pela cabeça dos meninos.

---

* É uma lei que permite que o proprietário de um imóvel use a força (até mesmo letal) para defender sua propriedade caso seja invadida. [N. T.]

Como as mães sabem muito bem, os adolescentes raramente pensam nas consequências de suas atitudes. Tristan e seus amigos cometeram um erro. Não houve invasão, nenhum dano foi causado e eles nunca entraram naquele local com más intenções. Independentemente disso, deixamos nosso filho de castigo, e ele perdeu seus privilégios de dirigir e passear até que pudesse mostrar uma melhora em seu julgamento. Sua falta de juízo não garantiu o nível de liberdade que lhe foi concedido e ele teria que reconquistar nossa confiança.

Dan e eu dissemos a ele que estávamos muito desapontados com aquela péssima decisão e esperávamos que ele aprendesse com isso e evoluísse. E foi o que ele fez.

Lembrando aquele momento agora, reconhecemos a sorte que tivemos. Embora isso pudesse ter sofrido uma reviravolta com tons dramáticos, acabou sendo o momento de ensino perfeito, sobre honestidade, as consequências de nossas ações e a importância da confiança.

—

Se a maternidade me ensinou alguma coisa, é que a confiança pode alimentar o relacionamento com nossos filhos, assim como com nosso cônjuge e com nossos amigos. Descobri que também se trata do núcleo de um grande trabalho em equipe e é um pré-requisito para qualquer empresa sustentável.

Alguns anos atrás, eu prestava consultoria para uma empresa cujo principal vendedor era conhecido por ser implacável nos negócios. Ele era um egoísta solitário que frequentemente demonstrava desprezo pelo restante da equipe e pelos valores e código de conduta da organização. Tinha a mentalidade (nada incomum) de que *o fim justifica os meios*.

Ninguém confiava nele. Como resultado, o moral da equipe sofreu. Minha recomendação foi documentar todos os incidentes para demitir o indivíduo, mas o líder da organização não pareceu muito entusiasmado com meu conselho. Ele lamentou: "Como vou fazer isso? Ele é meu vendedor número um. Ele entrega resultados!".

Expliquei como esse indivíduo impactou a cultura da empresa. Ele poluiu o ambiente para todos os outros. Além disso, estava dando um mau exemplo que alguém acabaria imitando. As coisas iriam se deteriorar, se já não tinham.

Fechar os olhos para tal comportamento é como não consertar uma janela quebrada. A água entrará aos poucos e não demorará muito até que a umidade se transforme em mofo. Isso vale para uma organização. Se você não corrigir esse tipo de comportamento imediatamente, ele logo se tornará contagioso.

Vários meses depois, o chefe finalmente se cansou e demitiu o vendedor. Quando perguntei se seu negócio tinha sofrido com a ausência dele, ele admitiu relutantemente: "Não. Na verdade, as vendas estão melhores do que nunca!".

Acontece que a produtividade de todos os outros melhorou, e isso compensou em grande parte a perda de seu vendedor número um. Por quê? Como o indivíduo sem escrúpulos era pouco confiável e desonesto, os outros membros da equipe perdiam tempo tomando cuidado em se resguardar dele e questionavam tudo. O moral estava baixo e a rotatividade, alta.

Com a saída dele, todos voltaram a se concentrar em fazer seu trabalho da melhor maneira possível. A confiança foi restabelecida e toda a equipe colaborou de bom grado. Assim, o moral e os resultados melhoraram.

Estou compartilhando essa história para destacar a ligação direta entre confiança e produtividade. Como as famílias, as organizações não podem operar de forma eficaz sem confiança. Ela afeta o bem-estar de todos os envolvidos e, em última análise, os resultados financeiros. É por isso que os líderes devem se esforçar para criar um ambiente de confiança. Veja como pode começar.

CONSTRUA RELACIONAMENTOS FORTES

Se não deixei bem claro no capítulo 4, seja intencional ao passar tempo com os membros de sua equipe. Tenha mais conversas que não envolvam trabalho. Preste atenção ao que está sendo dito durante essas interações, mesmo que seja aparentemente insignificante. Pode ser para você, mas não é para eles. Eles podem testá-lo e, assim como um adolescente faria, avaliar quanto devem compartilhar.

Pense nisto: quando conhece alguém pela primeira vez, não sabe se a pessoa é competente, honesta, confiável, inteligente, se tem boas intenções etc. Essa lacuna de informações não deixa ninguém confortável.

Você confia nas pessoas quando compartilha experiências que lhe fornecem uma compreensão de suas habilidades, seu estilo, seus pontos fortes e fracos e sua confiabilidade. Você pode então calibrar suas expectativas de acordo com essas informações. (É verdade que seu histórico com eles também pode ser um motivo para não confiar neles.)

Os relacionamentos geram confiança. Onde há confiança, há grande comunicação. Onde há uma ótima comunicação, as pessoas não criticam as outras, e delegar de forma eficaz é fácil. Depois disso, os membros da equipe se sentem capacitados. Onde há empoderamento, há propriedade. Onde há propriedade, há motivação. Onde há motivação, há criatividade, tomada de riscos, resolução de problemas, resiliência e, finalmente, sucesso.

Estabelecer ótimos relacionamentos alimenta esse ciclo e tem o impacto mais substancial em sua capacidade de confiar no outro.

FACILITE REUNIÕES INFORMAIS DE EQUIPE

Caso ainda não tenham feito, incentivem os membros da equipe a construírem relacionamentos fortes dentro do grupo. Há muitas vantagens na pausa de quinze minutos para o café. É quando eles podem relaxar e conversar. Com o tempo, isso gera maior cooperação.

Se lidera equipes remotas, você pode fazer o mesmo por meio de *coffee breaks* virtuais ou em *happy hours*. Neste caso, use alertas automatizados para convidar os membros da equipe a participar. Algumas organizações implementam um formato de sala de estudo diário em que os funcionários fazem login e trabalham lado a lado virtualmente por algumas horas. Eles podem interagir vez ou outra enquanto trabalham de forma independente.

As interações informais costumam ser uma fonte substancial de informações valiosas. Como mãe, tive as melhores conversas com meus filhos quando eles estavam no carro indo ou voltando da escola. O fato de ser uma carona oferecia um momento de descuido em que eles estavam mais inclinados a conversar, não apenas comigo, mas também entre irmãos e amigos. Durante esses momentos, eles esqueciam que eu estava lá e eu simplesmente ouvia.

Portanto, seja objetivo e persistente ao facilitar conversas casuais com sua equipe e entre eles. Cedo ou tarde, verá como isso funciona.

SEJA CONFIÁVEL

Não importa a qualidade do relacionamento, a confiança não é algo adquirido. Você tem que *conquistar*. E a maneira mais segura de se tornar um líder confiável é *sendo confiável*.

Como se faz isso? Primeiro, lembre-se de que todos os olhos estão voltados para você. Então, faça o que diz que vai fazer. Viva seus valores. Apareça quando disser que vai aparecer. Seja transparente e explique o motivo de suas decisões. Seja consistente e justo. Lembre-se do que os colegas de equipe compartilharam com você. Guarde as informações confidenciais para si mesmo. Não aja na defensiva e não culpe as pessoas. Seja honesto e diga a verdade. Em outras palavras, dê um exemplo que os membros da equipe possam imitar.

> **"Viva uma vida que deixará seus antepassados orgulhosos."**
> De Sachiko-san para Etsuko-san [Ishinomaki, Miyagi, Japão]

Voltando ao manual de mãe: quando elas querem ganhar a confiança de seus filhos adolescentes, sabem que devem ser confiáveis e justas, acessíveis, mas não autoritárias. Devem fornecer respostas sem palestrar, respeitar a privacidade dos adolescentes e saber quando se envolver. Devem cumprir suas promessas e estar presentes quando o filho adolescente precisar delas. E elas devem ser consistentes em suas decisões e julgamentos.

PRATIQUE RESPONSABILIDADE

Você pode estar cheio de boas intenções, mas também é humano. Haverá momentos em que cometerá um erro. Quando fizer isso, assuma a responsabilidade e peça desculpas. Mostre humildade e vulnerabilidade. Foi-se o tempo em que se esperava que os líderes soubessem tudo e fizessem tudo certo. Admitir erros torna você mais identificável.

Quando sua equipe vê que você reconhece seus erros, é menos provável que tenham medo de falhar. Como diz o ditado: melhor confiar no homem que frequentemente erra do que naquele que nunca está em dúvida. Além disso, nada como um chefe aparentemente perfeito para esmagar iniciativas e tomada de riscos!

SEJA RESPEITOSO COM TODOS

E eu quero dizer *todos*. Mesmo que não estejam na sala com você, mostre respeito. Se tecer comentários críticos sobre outras pessoas na ausência delas — mesmo que seja alguém de um departamento ou empresa diferente —, as pessoas que estão na sala com você se perguntarão: *o que essa pessoa diria sobre mim se eu não estivesse aqui?* Não há maneira mais eficiente de corroer a confiança.

COMPARTILHE OS HOLOFOTES

Seja rápido em reconhecer as contribuições dos demais e dar crédito quando o crédito é devido. Isso mostra justiça, honestidade e integridade. Todos os três são comportamentos éticos que lhe darão o respeito dos outros e o caminho em direção à confiança mútua.

CONFIE NOS OUTROS

Vale a pena repetir: você precisa merecer a confiança de sua equipe. Se quiser merecê-la, talvez tenha que dar um salto de fé e começar a estender a confiança aos seus colaboradores e membros da equipe.

Alguns líderes relutam em entregar responsabilidades e tomadas de decisão por medo dos erros e de suas consequências.

É verdade que as mães se sentem da mesma maneira. É preciso força de vontade para confiar às crianças pequenas algumas das tarefas domésticas. Designá-las para lavar a roupa, por exemplo, traz o risco de acabar com uma coleção de roupas *tie-dye*. Às vezes, pode ser tentador (e mais rápido) apenas fazer o trabalho sozinha. No entanto, as mães entendem que, se esperam delegar tarefas aos filhos a longo prazo, inevitavelmente precisam confiar nas habilidades deles, mesmo que isso prejudique um resultado perfeito.

Isso vale para o local de trabalho. Você pode ter medo de que os erros reflitam em sua reputação e capacidade de liderança. Então, o que você faz? Verifica e depois verifica novamente, microgerencia, olha por cima dos ombros de todos, encobre erros e se torna um líder autoritário semelhante a uma mãe-helicóptero. Você compromete a confiança, a equipe perde o engajamento e o desempenho é prejudicado. Veja, você não pode se dar ao luxo de ser *esse* líder. Deixe isso para trás!

Pense em tudo o que poderia estar fazendo se confiasse nos outros. Quanto mais tarefas delegar, mais tempo terá. Você poderia se concentrar em questões mais estratégicas e se preparar para projetos de longo prazo.

A propósito, a vantagem de transferir, passo a passo, a autoridade para sua equipe é que os membros podem desenvolver as habilidades necessárias para — você adivinhou — assumir maiores responsabilidades. Agora você está alimentando o ciclo: confie, delegue, desenvolva e repita. Faça isso até que eles estejam prontos para uma promoção.

Delegar requer confiança nas habilidades e na capacidade de julgamento pouco a pouco. Atribua a eles tarefas mais importantes ao longo do tempo e trabalhe gradualmente — mesmo que isso lhe custe alguns erros ao longo do caminho. Sua equipe irá recompensá-lo com sua confiança e com melhor desempenho.

Como disse Lao Tzu: "Aquele que não confia não pode ser confiável".

E se nada disso funcionar? E se você modelou todos os comportamentos certos, mas acabou de mãos vazias? Pode ser que algo na história de seu colega de equipe — as experiências dele com você ou com outras pessoas e as opiniões surgidas a partir dessas interações — o esteja impedindo de confiar. É por isso que você **não consegue** *construir* **laços de confiança.**

> **"Você não faz uma omelete sem quebrar alguns ovos."**
> De Anna para Annick
> [Lyon, França]

O que quero dizer com isso? A confiança leva tempo para ser construída. Não se pode simplesmente forçar alguém a confiar em você. Só o outro pode tomar essa decisão. Você só pode controlar seu próprio comportamento, não o do outro. Dê tempo ao tempo e mantenha o curso. Mas não se culpe caso não consiga progredir.

O QUE FAZER QUANDO HÁ UMA QUEBRA DE CONFIANÇA

Quando a confiança for quebrada — e isso vai acontecer —, não ignore. Lide com isso. Permita que os nervos se acalmem e pergunte a si mesmo se pode se recuperar dessa experiência. Às vezes, você sabe lá no fundo que, não importa o que aconteça, não há volta.

Há muitos anos, na Disney, suspeitei da queda nas vendas e da falta de estoque em minha loja. Um pouco de investigação revelou que um dos supervisores recém-promovidos não estava apenas se beneficiando ao sacar dinheiro do caixa, mas também estava roubando o estoque e revendendo-o no porta-malas de seu carro.

Desconfiei que vários membros do cast estavam cientes do que acontecia — se já não faziam parte desse esquema. Junto com algumas pessoas da equipe de segurança, questionei cada funcionário em particular, e vários deles abriram o jogo.

Acontece que todos os meus funcionários, exceto dois, estavam envolvidos. Alguns admitiram ter roubado, outros eram meros espectadores, mas nunca denunciaram por medo de represálias vindas de seu supervisor.

Isso me deixou com uma decisão a ser tomada: devo apenas demitir os participantes ativos, mas manter os espectadores passivos? Afinal, a maior parte deles era jovem e estes eram seus primeiros empregos. Era fácil para o supervisor manipulá-los. Eu temia demitir quase uma equipe inteira durante uma época movimentada. Fazer isso causaria um grande transtorno até que eu pudesse preencher as vagas abertas.

Refleti sobre isso, mas não por muito tempo. Acabei demitindo todos os envolvidos no esquema, inclusive os espectadores passivos. Percebi que não poderia trabalhar com uma equipe em que não pudesse confiar totalmente. Eu estava convencida de que teria que continuar olhando por cima dos meus ombros para garantir que o mesmo não acontecesse de novo.

A confiança havia sido quebrada, e eu não conseguia ver uma maneira de consertar a situação.

Analisando em retrospectiva, percebo que não foi uma decisão difícil, tratava-se de uma questão ética. Mas a maioria dos problemas de confiança não é tão simples.

Independentemente da questão em jogo, é importante pensar nas implicações de longo prazo da violação: *seremos capazes de seguir em frente? Seremos capazes de colaborar e fazer parcerias no futuro?* Então, você pode decidir se o relacionamento é sustentável e vale a pena.

Para determinar se a confiança pode ser restaurada ou não, considere as circunstâncias. Pergunte a si mesmo: *não estou enxergando o óbvio? Houve sinais de que posso estar confiando nessa pessoa muito rapidamente? Essa quebra de confiança reflete o caráter do indivíduo?*

Pensando nas circunstâncias do encontro de Tristan com a polícia naquela noite, eu poderia honestamente responder um retumbante *não* a tudo o que foi dito antes.

Passar por esse exercício pode ajudá-lo a ganhar perspectiva e evitar que tire conclusões precipitadas ou imagine o pior. Você pode perceber que o evento não foi intencional e que se tratou de um erro genuíno.

Em seguida, decida como resolver o problema.

Você pode ficar tentado a optar por uma solução radical, a versão empresarial de "Você está de castigo... para o resto da vida!". Ou pode ficar tentado a simplesmente seguir em frente, determinado a nunca mais confiar na pessoa. Não sei você, mas viver ou trabalhar em um ambiente cheio de desconfiança não é algo que estou disposta a fazer.

Nenhuma dessas opções fará você se sentir melhor nem o aproximará de uma solução. O ressentimento se instalará e apodrecerá. Portanto, aperte o cinto e resolva o problema com o perpetrador. Veja como.

> **"O mais importante na vida é ser sempre honesto."**
> De Cilmara para Annie Marie [Balneário Camboriú, Brasil]

Tenha uma conversa honesta. Explique por que se sente traído ou desapontado. Deixe o culpado saber que a confiança foi destruída.

Ouça o que essa pessoa tem a dizer. Então pergunte a si mesmo: *ela demonstra preocupação genuína? Entende por que estou me sentindo assim? Está disposta a mudar seu comportamento?*

Mais uma vez, pensando no caso de Tristan, quando confrontado com essas perguntas, ficou claro que ele entendeu nossa reação e lamentou genuinamente sua falha de julgamento. Isso nos permitiu passar para a próxima etapa e encontrar um novo caminho.

No entanto, se sentir que a pessoa não entende seu raciocínio, não mostra remorso ou não está disposta a mudar, então, é um fracasso. Pode ser um sinal de que essa quebra de confiança não é resultado das circunstâncias, mas de um caráter duvidoso. Isso pode ser irreversível, e a confiança está além da tentativa de reparo. É hora de enviar seu "vendedor número um" para encontrar a felicidade em outro lugar!

Mude de atitude. Pare de apontar o dedo e solucione os problemas. Mais uma vez, pergunte-se: *como isso funcionará daqui para a frente? Existem novas regras que eu possa estabelecer para que possamos confiar um no outro mais uma vez?*

Ambas as partes devem entender que reconquistar a confiança é um processo longo, e nada garante que essa retomada seja possível. No entanto, esclarecer tudo e estabelecer as bases para um novo começo aumentarão as chances. Você precisará de um novo processo, pontos de checagem adicionais e comunicação aprimorada e mais frequente.

Quanto a Tristan, gradualmente ele recuperou seus privilégios. Completou sua punição sem dar um pio, tornou-se 100% confiável em todas as suas tarefas e cuidou das obrigações sem reclamar. Enquanto isso, eu o encorajava ao longo do caminho para mostrar que ele estava progredindo.

À medida que restabelecíamos seus privilégios, Tristan seguiu as novas regras básicas com zelo, comunicou-se conosco diligentemente e recuperou nossa confiança incondicional. É justo acrescentar que provavelmente ele nunca mais entrará em um canteiro de obras sem permissão.

Quando você perde a confiança, isso o faz questionar se as coisas voltarão ao normal. Ironicamente, descobri que, se enfrentar o problema, esclarecer tudo e trabalhar com o objetivo de solucionar a questão, como resultado descobrirá um relacionamento mais forte e muito provavelmente criará um nível de confiança ainda maior do que você pensou ser possível.

—

Por mais desafiador que seja criar um ambiente de confiança, descobri que há um retorno inestimável do investimento: **a confiança mútua coloca os líderes em uma posição muito melhor para alimentar o desempenho da equipe com reconhecimento eficaz e feedback construtivo**.

Como isso acontece? Os funcionários sabem que você os protege e tem as melhores intenções. Eles considerarão seus comentários positivos *e* negativos de forma favorável e acolherão sua opinião, seja para reconhecê-los por um trabalho bem-feito, seja para treiná-los para melhores resultados.

Como verá nos capítulos seguintes, continuarei a usar os manuais das mães. Afinal, sua expertise inata nas áreas de reconhecimento e feedback é inegável e, eu diria, inigualável.

CAPÍTULO NOVE

ADMINISTRANDO UM AMOR SEVERO

Quando me formei no ensino médio, estava de olho em uma carreira que envolvesse muitas viagens. Não sabia qual trabalho seria, mas eu tinha uma curiosidade ardente de conhecer o mundo.

Eu tinha certeza de que falar inglês abriria muitas portas, então aproveitei meu ano sabático e me mudei para o norte de Londres a fim de trabalhar como *au pair*. Dezoito meses depois, voltei para a casa dos meus pais, na França, com meu recém-dominado inglês britânico da corte, e comecei meus estudos na universidade.

"Se você pode festejar, pode trabalhar!"
De Helga para Christine [Bad Salzuflen, Alemanha]

Minha experiência em Londres foi gratificante em muitos aspectos. Eu particularmente adorei a liberdade de viver livre da supervisão dos meus pais. Ao retomar a rotina de estudante na França, mantive a independência e segui com minha vida social sem pensar muito na nova dinâmica, ou seja, estar de volta sob o teto de meus pais.

Uma noite, alguns amigos sugeriram fazermos um jantar improvisado. Cheia de alegria, obedeci.

Quando cheguei em casa mais tarde naquela noite, a casa estava escura e a porta da frente trancada por dentro. Presumi que meus pais haviam me deixado do lado de fora por engano.

Quando bati, as luzes se acenderam imediatamente e minha mãe abriu a porta. Antes que eu pudesse me desculpar, ela perguntou: "Onde você estava?".

Respondi casualmente: "Só saí com alguns amigos".

"Ficamos te esperando chegar para o jantar", minha mãe continuou. "Estávamos preocupados com você!" Lembre-se de que isso foi muito antes de os celulares se tornarem uma extensão de nosso corpo, e eu não tive tempo de ligar para casa e avisar meus pais que não jantaria com eles.

Antes que eu pudesse pensar, respondi: "Mãe, quando eu morava em Londres, você não tinha ideia de onde eu estava! Você não se preocupou naquela época. Por que agora é diferente?".

Minha mãe pareceu refletir sobre minha resposta por um minuto e depois disse baixinho: "Bem, não tem problema. Mas, se tratar esta casa como um hotel e aparecer quando quiser sem avisar, começaremos a cobrar a tarifa de um hotel". Ponto-final.

Não sabia o que dizer. Eu achava que estava tão certa que não percebi que minha mãe havia preparado uma refeição para mim, arrumado a mesa, demorado a servir o jantar esperando que eu voltasse para casa, sofrendo ao imaginar as coisas que poderiam ter acontecido comigo quando eu não apareci, e finalmente se sentado no sofá esperando ansiosamente meu retorno.

Quando me dei conta, minha mãe tinha ido para a cama e me deixado meditando sobre a lição. Já se passaram 35 anos e ainda me lembro vividamente daquela noite!

Quando há necessidade de feedback, ninguém faz isso com mais eficiência do que uma mãe. Na verdade, se o feedback fosse uma disciplina olímpica, garanto que as mães seriam o *Dream Team* e venceriam todas as competições. Elas estão sempre prontas para dizer o que tem que ser dito.

Aposto que a ladainha de diretivas e recomendações de sua mãe ainda ecoa em sua cabeça: "Você se esqueceu de lavar as mãos", "Esta roupa não é apropriada. Precisa ir se trocar", "Seja legal e compartilhe com os outros", "Não mastigue de boca aberta", "Desacelere. Está indo rápido demais", "Planeje com antecedência", "Pare com isso, agora mesmo!". Pode soar irritante, mas essas diretrizes vieram com boas intenções.

Não importa o quanto eu tenha ficado ressentida com o feedback de minha mãe quando era criança, depois que me tornei mãe, entendi os motivos dela. O feedback de uma mãe não é *desprovido* de amor, ele *é* uma *demonstração* de amor. As mães querem o melhor para os filhos. Elas têm grandes planos para eles e entendem que o futuro deles depende da capacidade de se tornarem adultos funcionais. Assim, elas deixarão seus filhos saberem em termos inequívocos quando seu comportamento for inapropriado ou inaceitável.

Como amamos nossos filhos incondicionalmente, **nossa motivação não é julgar ou condenar; trata-se de mudar um comportamento**.

E, ao corrigir uma criança, nós o fazemos prontamente. Não esperamos uma revisão de final de ano para dizer: "Você se comportou mal este ano. Olha aqui tudo o que fez".

Sabemos que o mau comportamento será mais difícil de mudar se não for controlado. Por isso, **oferecemos treinamento TODOS OS DIAS**. Observamos comportamentos e os corrigimos à medida que avançamos.

Palavra-chave: *observar*. Nós vemos tudo. As mães usam seus lendários "olhos atrás da cabeça" para acompanhar sua ninhada. Se não tivermos uma visão clara da situação, sabemos que não devemos confiar em boatos. Esperamos para obter os fatos. Mas fique tranquilo: quando suspeitamos de algum mal, focamos nossa atenção em VOCÊ!

Criar filhos é uma tarefa difícil que em geral é recebida com pouca ou nenhuma gratidão... até anos depois, quando nossos filhos se tornam adultos. Aí é quando eles percebem o que temos feito o tempo todo — preparando-os para uma vida feliz e gratificante como um adulto equilibrado, bem-educado e respeitoso. E assim, em um dia aleatório, nossos filhos nos dirão o quanto são gratos pelo que lhes ensinamos. Nesse dia, tiraremos um momento para nos regozijar, pediremos um coquetel muito bom, daqueles que vêm com um guarda-chuva de papel, e nos sentiremos muito orgulhosas. E aproveitaremos o momento, sabendo que o merecemos totalmente!

Eu sei, eu sei. Nem sempre acertamos. Mostre-me uma mãe que nunca pronunciou palavras que gostaria de jamais ter dito e eu lhe mostrarei um hipopótamo voador.

Mães dizem coisas das quais se arrependem, seja por exasperação, explosão emocional ou simplesmente por uma má escolha de palavras? Pode apostar que sim. Quando uma situação é emocionalmente pesada, as coisas podem sair do controle. Nesses momentos, mesmo que o coração e a cabeça saibam o que é melhor, a boca simplesmente não para.

Corrigir o comportamento requer sutileza, diplomacia, o tom certo e as palavras apropriadas. Mas, em meio ao caos diário, pode ser difícil para uma mãe pensar direito.

Embora seja sempre melhor esperar que as coisas esfriem, às vezes simplesmente não temos esse luxo. Alguns assuntos são urgentes demais, devemos abordá-los na mesma hora em que acontecem.

Por isso é importante fazer uma distinção entre os tipos de feedback. Existe o feedback cotidiano e comum, que aborda questões pequenas. Eu considero esse ajuste comportamental o mais *básico*[*] e o mais simples, porque não requer longas explicações ou justificativas. São diretivas fornecidas enquanto as situações se desenrolam.

> **"Estou mais ocupada do que um caixa eletrônico em dia de pagamento."**
> De Ella para Dink
> [Ardmore, OK, EUA]

"Você espera até o último minuto para se arrumar, isso faz com que toda a família se atrase."

"Deixe seu irmão em paz. Ele precisa se concentrar para terminar o dever de casa."

"Se recusar a compartilhar seus brinquedos, este encontro acabou e nós vamos voltar para casa."

Pelo menos é isso que *queremos* dizer. Nem sempre temos tempo, paciência ou disciplina para explicar o porquê dos nossos comentários, mesmo que possamos racionalizar cada um deles. Então, o que sai de nossas bocas geralmente soa mais como (deixe o tom exasperado):

"Depressa, estamos atrasados!"

"Deixe-o em paz!"

"Seja legal!"

No comportamento básico, tratamos apenas de assuntos triviais. No entanto, questões que envolvam as consequências de um ato re-

---

[*] *Behaviour 101*, no original. [N. T.]

querem conversas mais trabalhadas. Esse é o *comportamento elaborado*. À medida que as crianças crescem, oferecemos menos do primeiro e cada vez mais do segundo.

As mães certamente não dão feedback a uma criança de cinco anos da mesma forma que fazem com uma de quinze. Durante a adolescência, elas devem ensinar comportamentos mais sutis. Isso inclui estar atento aos outros e seus sentimentos, desenvolver habilidades sociais refinadas, prestar atenção ao entrar em uma sala e autorregular as próprias reações.

Os adolescentes nem sempre são receptivos ao feedback — recorri a um eufemismo aqui —, e as mães entendem que já passaram do ponto de dizer *a eles o que fazer*. Agora, é uma questão de *influenciá-los*.

Assim, elas adotam uma abordagem mais cuidadosa e obedecem a algumas regras simples de engajamento: procuram a hora e o local certos em que o feedback tem mais chances de dar resultado, nunca iniciam essas conversas em público, explicam o porquê e observam como o adolescente responde.

As mães enfrentam resistência? Claro. Os adolescentes se esquivam e negam a responsabilidade? Totalmente. Portanto, outra regra importante: elas se certificam de coletar todos os fatos antes de terem "a conversa" e estarem prontas para explicar seu raciocínio.

Elas também vêm preparadas com conselhos práticos. Os adolescentes precisam de orientação sobre como melhorar e da confiança de que podem mudar as coisas. Eles também precisam saber que os erros fazem parte do crescimento tanto quanto os surtos e as dores vividos nesse processo.

Mães não esperam perfeição, elas entendem que o fracasso tem um lado bom e que a adversidade forja o caráter. Fornecem feedback e, em seguida, se afastam para permitir que os adolescentes internalizem as lições e mudem seu comportamento.

O feedback dispensado ao longo dos anos compensa, e os adolescentes podem apreciar o valor da orientação de suas mães.

Eles passam a se interessar e a pedir conselhos — mesmo na idade adulta. Às vezes,

> **"Apenas faça seu melhor. Isso é tudo que posso pedir."**
> De Sue para Megs
> [Cidade do Cabo, África do Sul]

contam com a mãe para ajudá-los a encontrar pontos a serem desenvolvidos e superar situações delicadas. Esse seria o comportamento de conselho. É como aprimorar habilidades, uma maneira sutil de ajudar uma criança crescida a se tornar a melhor pessoa que ela pode ser.

Não importam as circunstâncias, dar feedback pode não produzir os resultados que as mães buscam imediatamente. Se há uma coisa que elas sabem com certeza, é que a persistência fortalece a persuasão e, por fim, muda comportamentos.

De todas as responsabilidades de um líder, dar feedback é a coisa que mais evitamos. Existem várias razões para isso: não sabemos como fazer, temos medo da reação da outra pessoa, não temos todos os fatos, nos sentimos desconfortáveis ou talvez nos importemos demais e tenhamos medo de ferir os sentimentos do outro. Às vezes, nem temos certeza se definimos corretamente as expectativas. (Se esse for realmente o motivo, indico que volte ao capítulo 6.)

Você pode contornar a maior parte dessas situações utilizando os conselhos estratégicos de uma mãe. Essas poucas regras práticas o ajudarão a entender a lição.

SEJA DISCRETO

Ninguém quer receber orientações na frente de uma plateia — nem uma criança nem um adolescente, e certamente nem um profissional. Como uma jovem líder, já estive em maus lençóis. Por conveniência, deixei escapar alguns comentários em um momento inoportuno. Não apenas o feedback caiu como um baque, mas também perdi a credibilidade como líder. Então, conte até dez antes de soltar algo inapropriado e de que vá se arrepender depois.

CERTIFIQUE-SE DE OBSERVAR O COMPORTAMENTO PESSOALMENTE

Considere o comportamento que pretende corrigir. Você o observou pessoalmente? Se não, deixe-o de lado. Mães sabem que não devem confiar na fofoca de um irmão, e isso vale para o local de trabalho. Forneça feedback apenas sobre comportamentos que você sabe que são verdadeiros em vez de se basear em fofocas do escritório. É preciso ter uma compreensão completa das circunstâncias para evitar fazer suposições ou tirar conclusões precipitadas com base em boatos. Dessa forma, veja isso como uma "retribuição da verdade", e não como um feedback.

FORNEÇA FEEDBACK PESSOALMENTE

Falar frente a frente com uma pessoa adiciona tom, intenção e linguagem corporal à apresentação e não deixa espaço para interpretação. Além disso, avalie a reação em tempo real. É irracional ou controlada? Assume a responsabilidade por suas ações ou nega e se esquiva? Fica na defensiva? Preste atenção à linguagem corporal. Fornecer feedback pessoalmente lhe dará tudo o que precisa saber sobre a disposição dessas pessoas para melhorar.

TORNE-O OPORTUNO

Forneça feedback enquanto o momento ainda é importante para todos os envolvidos. Quanto mais você espera, mais difícil se torna e mais confusos ficam os fatos. É tentador chutar a bola para longe e adiar uma conversa difícil, esperando que não seja um problema ou pensando que abordará o assunto na próxima vez que acontecer. Não espere. Faça. E faça isso *agora*!

Comportamentos inaceitáveis rapidamente se tornam contagiosos. Os outros não apenas seguirão o mau exemplo, mas você perderá, de forma lenta e certeira, a sua credibilidade como líder.

Enquanto trabalhava na Disney, não demorou muito para que eu aprendesse que os membros do cast ignorariam as diretrizes de aparência se eu não me mantivesse vigilante e diligente em corrigir até mesmo pequenas violações imediatamente.

Então, desenvolvi um olho de águia para crachás ausentes, joias grandes demais, cabelos desgrenhados e unhas selvagens. Se uma pessoa pudesse escapar impune de quebrar as regras, outras a seguiriam. E se eu esperasse para falar com alguém no futuro, o culpado me questionaria por ter deixado outros fazerem. Como eu justificaria treinar a segunda, a terceira ou a quarta pessoa que errou sem ter feito isso com a primeira?

Caso se sinta tentado a adiar o feedback, pergunte-se: *do que tenho medo? De que a pessoa possa desistir?* Em seguida, lembre-se da alternativa: *e se eu não corrigir o comportamento e ela ficar?* Isso deve fornecer toda a motivação de que você precisa para seguir em frente.

> **"Não perca tempo com arrependimentos. Levante-se, aprenda a lição, erga a cabeça e continue andando."**
> De Maria Carlota para Reina
> [Montevidéu, Uruguai]

REVISE AS EXPECTATIVAS

Ao fornecer feedback, atente-se para o comportamento que está sendo analisado. A questão está bem definida? Em caso afirmativo, pense de acordo com o *comportamento básico*: este é o problema e esta é a solução. Essas instâncias são diretas e geralmente estão relacionadas às habilidades técnicas.

Portanto, sem rodeios. Simplesmente declare os fatos e nada além deles. Deixe o membro da equipe saber exatamente o que você espera daqui para a frente. Termine a conversa com uma palavra de encorajamento para que eles saibam que você confia na capacidade deles de mudar as coisas. Seja direto.

Se o problema for mais subjetivo e incluir algumas áreas cinzentas ou alguns assuntos delicados, esteja especialmente atento à maneira como você o apresenta. Use o *comportamento elaborado*. Dê ao membro da equipe a oportunidade de identificar o erro por conta própria. Por exemplo, diga o que notou:

"Parece que você não estava preparado para esta reunião. Você concorda?"

"Você parece relutante em trabalhar e se comunicar com seus colegas durante o lançamento desta nova iniciativa. Tem algo que eu deva saber?"

Uma ótima pergunta de *follow-up* pode ser: "Se pudesse voltar no tempo, você lidaria com isso de maneira diferente?". A resposta do membro da sua equipe lhe permitirá saber se ele está genuinamente interessado em mudar o comportamento. Se ele não mostrar uma solução que atenda aos seus padrões, pode encaminhá-lo de volta às expectativas que estabeleceu para sua equipe.

FORNEÇA FEEDBACK CONSTRUTIVO

Depois de oferecer ao membro da equipe a oportunidade de responder, destaque o impacto de seu comportamento, seja nele, em você ou na equipe. Todos nós temos pontos falhos, e o feedback melhora a autoconsciência. Forneça sugestões e conselhos e deixe claro que está procurando um resultado positivo.

A maioria das pessoas reage positivamente quando o feedback é construtivo e sem afirmações subjetivas ou generalizações. Mas, quando você o apresenta como uma caracterização de um traço de personalidade, pode esperar que as pessoas fiquem na defensiva.

ASSUMA O MELHOR

Como líder, suponha que está lidando com uma *boa pessoa* que simplesmente fez um *mau julgamento*. **Há uma enorme diferença entre ser uma *pessoa ruim* e ter um *desempenho ruim*.**

"Não existem pessoas más... apenas algumas que não tiveram acesso a uma boa educação."
De Thérèse para Elise [Château-Gaillard, França]

Boas mães entendem a sutileza. Elas sabem que não devem dizer ao filho: "Você é rude" ou "Você é descuidado". Em vez disso, dirão: "Essa resposta foi rude" ou "Você *pareceu* descuidado". O primeiro comentário transmite um estado de permanência enquanto o segundo isola o comportamento para um momento no tempo, deixando assim a porta aberta para melhorias.

PERMITA QUE ELES CONDUZAM O PROCESSO

Falando em melhoria, seu papel como líder é ajudar sua equipe a fazer mudanças. Sugira soluções, ferramentas ou recursos, se necessário, mas **deixe para o membro da equipe retornar com um plano de ação**. Cabe a ele identificar o que pode ser feito para mudar as coisas. Em seguida, responsabilize-o. A mudança de comportamento dele não deve ser dependente do seu trabalho.

Pense desta forma: quando uma criança se atrasa para ir à escola todas as manhãs, as mães têm duas opções. Elas podem acordar mais cedo, preparar as roupas, a mochila e o café da manhã de seus filhos, chamá-los repetidamente e monitorar cada movimento para tirá-los de casa a tempo. Isso vai funcionar, mas à custa da mãe, além de não ser uma escolha sustentável.

As mães sabem que a melhor opção é propor um horário de acordar mais cedo, recomendar que a criança arrume a roupa na noite anterior, sugerir um café da manhã para levar e simplesmente deixar as coisas acontecendo sem interferir — mesmo que isso signifique aparecer na escola com roupas que não combinam, desgrenhado ou com fome. Eles podem até deixar de fazer algum dever de casa, a lancheira ou sua mochila de ginástica — um pequeno preço a pagar enquanto estão aprendendo sobre habilidades organizacionais.

DEIXE-OS ACEITAR AS CONSEQUÊNCIAS

Às vezes, vivenciar as consequências torna a lição inesquecível. Certa sexta-feira, quando Jullian estava na quinta série, sua professora me enviou uma mensagem dizendo que ele não conseguiu entregar uma tarefa importante. Ela explicou que estava relutante em reprová-lo por causa de seu jeito encantador, sem sombra de dúvida — e estenderia a data de entrega até segunda-feira, desde que ele entregasse sua tarefa logo pela manhã.

Liguei para ela imediatamente e implorei que, por favor, lhe desse um zero. Meu pedido a surpreendeu, e ela apontou que a maioria dos pais desaprovava os professores que davam zero. Eu estava convencida de que, acima de tudo, ele deveria aprender a ter responsabilidade. Então, com relutância, ela concordou.

Embora a média de Jullian tenha sofrido um grande golpe naquele semestre, ele aprendeu a lição da maneira mais difícil. A partir de então, entregou todas as suas tarefas no prazo. (Ou pelo menos a *maior parte* delas...)

Por mais desconfortável que seja enfrentar problemas e dar feedback, seja específico sobre as possíveis consequências caso alguém não atenda às expectativas que você estabeleceu para sua equipe. Mais importante, você precisa **seguir adiante**.

Esteja pronto para aplicar essas consequências. Observe o membro de sua equipe nos dias ou semanas seguintes. Sempre encerre o tópico elogiando as mudanças perceptíveis ou passando para uma ação disciplinar se o comportamento continuar.

Se feito com respeito e apoiado em fatos, o feedback pode ser o alerta que leva as pessoas a um melhor desempenho.

Quanto à noite em que não avisei meus pais de que não estaria em casa para jantar, minha mãe foi clara sobre as possíveis consequências.

Pode apostar seu último centavo que ela cumpriria o que me disse. Então, daquele dia em diante, enquanto morei sob o teto dos meus pais, nunca me esqueci de avisar sobre meu paradeiro. Isso significa que eu nunca tive que pagar aluguel. A lição da mamãe foi memorável e inestimável.

—

Em minha vida e em minha carreira, lembro-me de cada encontro com pessoas que me deram feedback sincero e construtivo. Mesmo que tenha doído um pouco, sou verdadeiramente grata pelo presente que elas me concederam.

Pessoalmente, nunca gostei de ficar policiando minha equipe ou meus filhos, mas isso é inevitável. Como dizem, se não aguenta o calor, saia da cozinha... Em outras palavras, se você não está disposto a dar feedback, não deveria estar em uma posição de liderança.

Felizmente, existem tarefas muito mais agradáveis que esperam por você. Do outro lado da moeda do feedback está o reconhecimento — algo que todos almejamos e do que nunca nos cansamos, que alimenta o desempenho e leva a equipe à grandeza.

CAPÍTULO DEZ

APLAUSOS E COMEMORAÇÕES

Meu pai, Victor, veio de uma família de baixa renda em que os elogios eram raros. Em sua casa, esperava-se que as crianças estudassem muito enquanto ajudavam nas tarefas domésticas, mesmo em tenra idade. Aos catorze anos, os filhos começavam um trabalho paralelo para ajudar a sustentar a família. Nada disso era considerado digno de elogio ou reconhecimento. Era apenas normal.

Como resultado, papai era um homem de poucas palavras, e elogiar não era fácil para ele. Quando me formei no ensino médio um ano antes do esperado, corri para casa ansiosa para contar a novidade aos meus pais. O único comentário dele foi: "Isso é para o seu próprio bem".

Embora ele não estivesse errado, fiquei desapontada por não ter demonstrado nenhum orgulho por minha conquista. Foi um momento agridoce para mim. Mamãe foi rápida em preencher a lacuna. Ela ficou nas nuvens por mim e contou para qualquer um que estivesse disposto a ouvir.

As mães entendem melhor do que ninguém a necessidade de reconhecimento para as crianças. Elas têm uma habilidade inata de fazer uma criança se sentir importante, apreciada e amada. Desde o momento em que seguram seu bebê nos braços pela primeira vez, compartilham com ele palavras de afirmação. Isso promove um profundo sentimento de segurança e pertencimento, especialmente com crianças pequenas.

Além dessas demonstrações de amor, as mães costumam mostrar apreço pelo comportamento de seus filhos. Todas elas entendem intuitivamente como o elogio e o reconhecimento contribuem para a autoestima de uma criança. Assim, elas manterão essa atitude principal e distribuirão comentários amorosos, elogios e encorajamento dia após dia.

> **"Seja sempre o seu eu mais bonito."**
> De Jill para Alyse
> [Nova Orleans, LA, EUA]

Às vezes, porém, pode haver exagero de coisas boas. Certo dia, testemunhei a abordagem americana em relação à criação dos filhos e pude compará-la com o que experimentei na França. Acompanhe-me.

Enquanto os pais franceses tendem a administrar palavras de elogio de forma esparsa, os americanos vitaminam demais os elogios. Eles são espontâneos e generosos em todo tipo de reconhecimento — com palavras, gestos de "toque aqui" e até prêmios.

Nos Estados Unidos, os pais costumam tratar os filhos como a realeza. Cada conquista, cada marco — não importa quão pequeno seja — pede uma celebração e é devidamente aclamado, elogiado, aplaudido, documentado e compartilhado para o mundo se maravilhar. "Olha! É a primeira vez que ele rola na cama... a primeira palavra... o primeiro passo... o primeiro dente..."

Em seguida, vêm os marcos da escola. Na França, as crianças só se formam no ensino médio e na faculdade. Não é assim nos Estados Unidos. Aqui, as crianças também têm cerimônias de formatura para marcar a conclusão do jardim de infância e do ensino fundamental. E toda formatura pede comemoração.

A parentalidade nos Estados Unidos implica viver em um estado perpétuo de adulação por nossos filhos, glorificando suas conquistas enquanto soltamos "ohs" e "ahs", e muitas palavras de elogio.

E depois há os feitos atléticos, com outro nível de celebração. Passei tempo suficiente nos bastidores dos jogos de futebol para ter testemunhado pessoalmente até que ponto alguns pais celebram as façanhas e proezas de seus filhos com uma enxurrada interminável de superlativos. Sem mencionar o fato de que cada jogador da equipe parece receber troféus, porque "todo mundo é um vencedor".

Diga-me, você acha que estou exagerando ou sendo cínica, não é? Não me interprete mal. Acredito sinceramente no reconhecimento e no elogio. E admito, depois que me mudei para os Estados Unidos, não demorou muito para que me juntasse aos meus próprios superlativos. Afinal, eu não queria que meus filhos se sentissem desvalorizados. Mas a realidade é que os pais costumam elogiar e reconhecer mesmo quando não há motivo. No final, **esse fluxo constante de elogios ofusca o que é *realmente* importante**.

É verdade que encorajar as crianças é crucial para formar a autoestima delas. Mas, se elas sentirem que o encorajamento é ruim ou dissimulado, ou se as levarmos a acreditar que nunca fazem nada errado, torna-se perigoso.

Imagine um grupo de adolescentes criados com uma dieta de muitos elogios ingressando no mercado de trabalho com seus egos inflados e senso pessoal de habilidades. Agora, imagine-os falhando em sua primeira tarefa ou até mesmo em seu primeiro emprego. É uma queda muito forte para se recuperar, especialmente porque suas mães provavelmente não estarão lá para apoiar.

A verdade pura e o feedback negativo são dolorosos. Este é ainda mais brutal quando nunca lhe disseram que às vezes não atendemos às expectativas, às vezes não somos bons o suficiente, às vezes falhamos... e está tudo bem. Faz parte da vida.

Então, como as mães preparam seus filhos para essa realidade? Elas focam seu reconhecimento no esforço e na jornada, não no resultado. Grandes mães se concentram em acompanhar as crianças no esforço e na dedicação em suas tarefas, nos erros e nas novas tentativas.

Elas acompanham as crianças tomando iniciativas e fazendo algo bom. Observam a resiliência delas, sendo engenhosas e tentando resolver problemas por conta própria. Estão junto com os filhos enquanto aprendem com o fracasso e planejam uma abordagem melhor para a próxima vez. As mães sabem que essas são as habilidades e os comportamentos que lhes serão úteis na vida.

Ao testemunharem qualquer um desses acontecimentos, as mães reforçam e validam esses comportamentos. E *esse* é o momento certo para o elogio.

"Você trabalhou muito duro em seu projeto. Bom trabalho."

"Você não desistiu do seu problema de matemática e o resolveu sozinho. Muito bem!"

"Todo o seu treino está valendo a pena. Você nunca desistiu. Estou orgulhosa de você."

Viu a diferença? A ênfase está no esforço, não no resultado.

Quando as crianças entendem especificamente o que desencadeia as palavras de elogio, **elas repetem o comportamento**. E, sim, o elogio faz com que se sintam bem. Mas esse é o "resultado" do reconhecimento, não o "propósito".

As mães entendem que *a própria satisfação* não pode ser o parâmetro pelo qual as crianças devem medir suas próprias realizações.

Os filhos sabem que os elogios são mais eficazes quando os comentários começam com *você*, e não com a palavra *eu*.

"Você tomou a decisão certa estando sob pressão" em vez de "Estou orgulhoso de você por tomar a decisão certa sob pressão".

"Você mostrou resiliência quando as coisas ficaram difíceis" em vez de "Estou tão impressionado com quão resiliente você foi".

A autoestima não cresce por causa de elogios. Ela cresce quando as crianças aprendem que podem melhorar, que são capazes, relevantes e podem fazer uma diferença positiva.

Boas mães avisam aos filhos quando fazem o bem e mantêm os elogios proporcionais à conquista. Elas guardam os "grandes trunfos" para as "situações importantes" a fim de garantir que o reconhecimento permaneça crível e significativo. (Desculpe, crianças, mas arrumar a mesa do jantar não lhes dá direito a medalha ou a uma salva de palmas!)

As mães **calibram o uso dos elogios** com base em como a conquista é importante no cenário maior das coisas e sempre, sempre, *atribuem isso a um comportamento específico*.

> "Quanto eu te amo? Um mundo inteiro e um pouco mais!"
> De Carmem para Maria
> [Orlando, FL, EUA]

Quando incentivamos com tudo isso em mente, as crianças demonstram os comportamentos certos não porque precisam, mas porque entendem que é a coisa certa a fazer.

Não ser relevante é o que assombra cada um de nós. As pessoas só querem saber que são importantes. Se você perguntasse a um sem-teto o que é mais difícil, ele diria que não é a pobreza, é se sentir invisível, irrelevante. Isso vale para uma organização. As pessoas querem saber que pertencem, são importantes, contribuem de forma eficaz e fazem a roda girar.

> **"Seja gentil. Cuide dos outros. Isso importará dez vezes mais, pois as pessoas se lembrarão disso mais do que de qualquer responsabilidade que você tenha tido."**
> De Sharon para Jenna
> [Orlando, FL, EUA]

Como líder, é seu trabalho garantir que a equipe saiba que é importante. E não há maneira melhor do que mostrar apreço quando eles fazem algo certo.

Assim como as mães compartilham palavras de afirmação e apreço com seus filhos, sua equipe e seus parceiros precisam saber que você os ama e os admira.

Raramente falamos sobre amor no local de trabalho, mas grandes líderes cuidam, apoiam, desenvolvem, confiam e se concentram nos membros de sua equipe — todas essas são demonstrações de amor. Eles transmitem que valorizam o indivíduo muito além do desempenho no trabalho.

A propósito, **ser carinhoso e amoroso não significa que você é fraco**. Muito pelo contrário, na verdade. É preciso ser um indivíduo forte e confiante para expressar cuidado e compaixão. É uma expressão da nossa humanidade.

Não deixe de demonstrar amor no mundo dos negócios. Veja como.

COMPARTILHE PALAVRAS GENUÍNAS DE AFIRMAÇÃO

Não importa qual seja o nível de responsabilidade deles, deixe os membros de sua equipe saberem que você os valoriza e que as contribuições deles são importantes para o sucesso da equipe.

Não seja vago, no entanto. Descreva *precisamente* como eles impactam o resultado da organização. Eleve a contribuição deles mostrando como ela se encaixa no produto ou serviço geral que você oferece como equipe. Melhor ainda, faça disso uma parte fundamental de sua integração. Assim que ingressarem em sua equipe, certifique-se de que saibam que sua função é importante para o sucesso da empresa.

Não pare na integração. De forma espontânea e com frequência, continue a dar atenção aos sucessos. Mas não exagere. Assim como as crianças podem sentir o cheiro da falsidade a um quilômetro de distância, sua equipe também pode.

Ao ser específico e sincero com suas afirmações, você promove uma sensação de segurança e pertencimento e reforça que os membros de sua equipe são tão valiosos quanto qualquer outra pessoa na organização. Pode não parecer muito, mas elogios não solicitados significam muito para eles.

DEIXE CLARO QUAIS SÃO OS COMPORTAMENTOS DESEJADOS

Ao fazer elogios e dar reconhecimento, concentre-se em comportamentos específicos. Você não apenas vai celebrá-los, mas também os reforçará. E essa é a ideia porque, quer você tenha cinco ou 45 anos, repetirá um comportamento que foi elogiado.

Dra. Goldie, ortodontista de nossos filhos em Orlando, entendia isso muito bem. Ela costumava distribuir fichas para as crianças que escovavam bem os dentes e para as que chegavam na hora marcada. Elas podiam trocar as fichas por um prêmio que variava de simples bugigangas a ingressos de cinema. E os nomes dos vencedores apareceriam no quadro de avisos para todos verem.

Portanto, nossos filhos não apenas escovavam os dentes com um rigor impressionante — um verdadeiro milagre em si —, mas também me importunavam para levá-los no horário marcado. *Voilà*! Identifique o resultado que deseja e busque o comportamento apropriado.

Não é diferente no ambiente profissional. Quando notar algo bem-feito, reconheça e recompense o trabalho. E, se quiser que isso se torne uma prática comum, destaque o comportamento e comunique do que se trata, a quem se destina e a maneira de executar para sua equipe. **Descreva a situação, o comportamento e o resultado** em detalhes. Ao fazer isso, você pinta um quadro vívido de como é um bom comportamento.

Não apenas o beneficiado entenderá exatamente o que fez certo, mas os outros também entenderão. Esperamos que eles escolham imitar o comportamento.

Isso funcionou com meus filhos. Quando elogiei Margot, então com sete anos, por fazer a cama, Tristan, três anos mais novo que ela, correu para o quarto e juntou as cobertas e lençóis em um grande amontoado em cima da cama, esperando obter elogios semelhantes. Embora os resultados tenham sido, sem dúvida, confusos, demos a ele um A pelo esforço. (A maneira americana de criar os filhos parecia ter me influenciado.)

Da mesma forma, quando vir algo bem-feito, informe a pessoa. Aproveite a ocasião para encorajar o restante da equipe a seguir o exemplo.

> "Não vou reclamar se minha filha quiser comer mais brócolis."
> De Marisza
> para Vanessa
> [Montreal, Canadá]

NÃO EXISTE UMA FORMA IGUAL PARA TODOS

Cada membro da sua equipe tem uma personalidade. Descubra o que funciona para cada um deles. Com base em meu manual parental, posso atestar que cada criança requer uma abordagem diferente. Algumas precisam de validação pública, outras fogem dos holofotes. Algumas precisam de demonstrações físicas de afeto. Outras — especialmente meninos na adolescência — fugirão só de pensar nisso!

Algumas crianças reagem positivamente a um ato de bondade. Outras se opõem à menor intrusão em seu mundo pessoal e só querem ficar sozinhas. Os jovens querem atenção e tempo de qualidade. Os adolescentes valorizam a liberdade e preferem que você faça a validação dando a eles mais independência.

Muito disso se aplica à sua equipe. Cada membro tem seu jeito. Portanto, preste atenção às dicas verbais e não verbais deles para identificar o que cada um mais valoriza. Melhor ainda, pergunte a eles.

Alguns podem apreciar os holofotes; outros não gostam de chamar atenção — mesmo positivamente. Alguns indivíduos preferem ter um tempo individual de qualidade a serem colocados publicamente em um pedestal. Alguns apenas precisam de palavras de agradecimento. Outros não ligam para elogios; preferem que você reconheça o que eles fizeram de bom e coloque o dinheiro no bolso deles.

MOSTRE-ME O DINHEIRO

Isso me leva a outro ponto: doação de presentes e compensação monetária. Há um momento e uma oportunidade para isso, mas muitas vezes superestimamos grosseiramente o impacto a longo prazo.

Não me interpretem mal. Todos nós gostamos de ganhar mais dinheiro e trabalhamos para ganhar o máximo possível. Para alguns, os contracheques mal cobrem as necessidades básicas e às vezes sobra "muito mês" no fim do dinheiro.

Porém, uma vez que os indivíduos possam cuidar de suas necessidades básicas, receber um aumento ou um bônus tem um impacto muito limitado *no comportamento a longo prazo*.

Pegue como exemplo a manhã de Natal quando você acorda as crianças com muitos presentes. O medidor de felicidade é alto. Mas, a partir do momento em que todos os embrulhos de presente são recolhidos, a emoção já diminuiu. No dia seguinte, os novos brinquedos ainda são uma mercadoria quente, mas a euforia do dia anterior desapareceu. Três dias depois, os brinquedos fazem parte da paisagem doméstica; a alegria acabou, e as crianças passaram a cobiçar algo novo.

Esse pode ser o impacto de um aumento de salário ou bônus. Inevitavelmente, ajustamos nossos gastos ao novo nível de renda. A satisfação diminui rapidamente porque sempre há um novo brinquedo ou um novo objeto brilhante à espreita. Com o tempo, o aumento é apenas uma memória distante lavada por um desejo de mais.

Para uma satisfação sustentada, procure **fornecer aos membros de sua equipe um forte senso de relevância** além da compensação monetária. Destaque como a contribuição deles é importante para o projeto e para a empresa como um todo.

NÃO COMPLIQUE

Não importa quão bem você entenda a importância do elogio e do reconhecimento, muitas vezes nós os relegamos para segundo plano. Assuntos mais urgentes parecem vir na frente. Alguns líderes se limitam a programas de reconhecimento excessivamente estruturados e formais, como o "funcionário do mês", e assumem que o próprio trabalho está concluído.

Esses programas são frequentemente ridicularizados, pois são desprovidos de espontaneidade e podem até soar falsos. É por isso que acredito que as formas mais eficazes de reconhecimento são simples palavras de agradecimento ditas todos os dias, verbalmente ou por escrito. Também é a maneira mais genuína.

Obrigado pela sua contribuição para este projeto. Você foi fundamental para o nosso sucesso.

É isso. Não há necessidade de complicar demais.

Tenha em mente que as coisas que as pessoas realmente desejam são amor, conexões fortes e um propósito. Em uma organização, tudo isso se traduz em sentimento de pertencimento, relevância e conquista, e gera muita boa vontade dos membros de sua equipe.

Como líder, seu papel é nutrir essa boa vontade e manter as pessoas leais, engajadas e motivadas. Em caso de dúvida, lembre-se de que ninguém jamais disse: "Já chega. Recebo muito reconhecimento. Eu não aguento mais!".

—

Assim como o feedback, o reconhecimento requer intenção. Ambos devem ser destaque na cultura da organização, e isso é algo que, mais uma vez, recai diretamente sobre os ombros do líder.

Assim como as melhores intenções, os melhores processos ou as melhores iniciativas, o reconhecimento e o feedback não farão uma diferença significativa, a menos que sejam parte de uma comunicação intencional e bem pensada.

CAPÍTULO ONZE

CONSEGUE ME OUVIR AGORA?

Se você pedisse para as mães citarem suas maiores frustrações, aposto que a comunicação estaria na lista, aquela sensação de que muito do que elas dizem fica perdido no espaço, de que estão falando para uma parede.

Ainda assim, as mães transmitiram com sucesso diretrizes, recomendações, percepções e sabedoria por gerações. Como? Elas operam como mestras da pesca. Preste atenção no que vou dizer.

Primeiro, elas sabem qual peixe querem pegar. Em outras palavras, elas conhecem seu público. Entendem que não podem falar com uma criança de cinco anos da maneira como se dirigem a um adolescente ou mesmo a um marido (embora o último caso seja discutível). Elas personalizam a mensagem para cada criança a fim de garantir que assimilem as informações. As mães sabem que os filhos têm personalidades distintas e que cada um responde à sua maneira.

Aprendi a notar como cada um de meus filhos reagiria à maneira que me comunico com eles. Jullian muitas vezes não mostrava que tinha entendido a minha mensagem, mas poderia me citar literalmente semanas — se não meses — depois. Se discordasse de algo, faria um debate aberto comigo e discutiria sobre a necessidade, a precisão ou a lógica de seu ponto de vista. Ele era meu desafiante, então eu tinha que vir preparada para uma discussão robusta.

Margot, por outro lado, fazia um milhão de perguntas, porque encontrava conforto em ter detalhes. Ela não gostava de surpresas ou mensagens vagas. Além da necessidade de saber por quê, o quê, como e quando. Era minha coletora de detalhes. Eu sabia que deveria esperar até ter todas as informações disponíveis antes de me comunicar com ela.

Quanto a Tristan, ele dificilmente respondia à comunicação verbal e geralmente ficava feliz em seguir o fluxo. Era meu observador. Quando confrontado com algo novo, precisava ver ou experimentar para internalizar, aprender ou reter. Repetição e paciência foram fundamentais.

As mães não apenas personalizam sua mensagem de acordo com as características do destinatário, mas também levam em consideração o tempo. Há momentos em que uma criança não é receptiva ou talvez esteja muito emotiva. As mães esperam o momento certo para garantir que a mensagem chegue ao destino, assim como os pescadores aumentam suas chances de sucesso ao evitar o vento, sabendo muito bem que esperar por águas mais calmas facilitará a percepção quando o peixe tiver mordido a isca.

Elas também levam em consideração o local. Tendem a ter um "buraco de pesca" favorito, onde podem esperar ter sucesso na transmissão da mensagem. Pode ser a volta de carro para casa com seus filhos adolescentes ou o quarto de uma criança pequena enquanto a coloca para dormir.

Se o peixe não morder, as mães às vezes agitam as águas com um pouco de psicologia reversa. A ideia não é enganar, mas dar às crianças uma escolha. Isso está muito longe do autoritário "do meu jeito ou rua". Um exemplo de agitar a água é jogando uma isca do tipo: "Você não quer comer seu jantar? Tudo bem, então. É hora de dormir". Ou "Você não quer compartilhar seus brinquedos? Sem problemas. Acho que a hora de brincar acabou".

Ao lidar com um adolescente desafiador, as mães às vezes optam por: "Não posso obrigá-lo a fazer isso. Você decide o que é melhor para você". Isso efetivamente coloca o adolescente no banco do motorista e redireciona a conversa para a autonomia dele, que é o que ele mais quer.

As mães entendem que a comunicação é uma via de mão dupla e que precisa haver uma reação na forma de uma resposta verbal, uma ação ou uma mudança de comportamento. Pode ser imediato ou exigir mais paciência. Afinal, você raramente consegue fisgar assim que lança sua linha.

Dessa forma, eles mantêm os olhos na linha e observam a conexão. Quando sentem que os canais de comunicação estão abertos, guardam os aparelhos eletrônicos, acalmam a mente e ouvem com atenção.

Com tantas distrações ao nosso alcance, é fácil perder uma oportunidade quando ela se apresenta. Esse cobiçado puxão na linha pode ser sutil, e, se não prestar atenção, você pode perdê-lo completamente.

Como alternativa, quando você sente uma resposta do outro lado da linha, pode ter uma reação instintiva e se envolver imediatamente. As mães, como pescadores experientes, entendem que, na verdade, é hora de fazer uma pausa e deixar o peixe vir até elas. Elas param, observam e ouvem antes de falar de novo.

Isso é especialmente importante ao abordar um assunto crítico ou orientar uma decisão potencialmente importante. Nesse caso, os filhos precisam de um tempo para internalizar uma mensagem, entender suas implicações e organizar seus pensamentos.

Em dado momento, a mensagem chega ao seu destino. O peixe pode morder a isca e as mães percebem apenas um leve puxão, hora em que procedem de forma delicada, principalmente quando se trata de adolescentes. Lembre-se, o peixe não mordeu a isca... ainda.

As mães sabem que não devem enrolar a carretilha muito rápido, porque podem puxar o anzol para fora da boca do peixe ou a linha pode arrebentar e ele vai nadar para longe com anzóis, equipamentos e iscas. Em vez disso, elas podem dar um pouco de linha e recuar firmemente, soltar e depois voltar a enrolar. Assim elas cansam os peixes. Perseverança é o nome do jogo.

Pegar um peixe com sucesso requer paciência e repetição. As mães sabem que ser suave e consistente produzirá os melhores resultados. No final, elas obterão o resultado que esperavam.

Não sou uma mestra da pesca, mas, como mãe, entendo o seguinte princípio básico: você pode pescar um peixe grande e se dar bem se souber exatamente onde, quando e como fisgá-lo. O mesmo pode ser dito em qualquer situação que exija uma comunicação eficaz.

Considerando que todos nós gastamos muito do nosso tempo usando ferramentas de comunicação, você pensaria que seríamos comunicadores especialistas agora. Ao contrário! Embora os celulares e o acesso à internet tornem a comunicação mais rápida e fácil, não foram feitos para melhorar a qualidade de nossas mensagens. Não que sejam todas ruins; temos muitas delas, e isso dilui a força do seu impacto.

Então, você enfrenta um sério dilema. Deve garantir que a comunicação flua sem permitir que seja obstruída justamente pelo excesso de formas de comunicar.

Ironicamente, todo anúncio de vaga de emprego lista "habilidades excepcionais de comunicação" como um pré-requisito, mas poucos indivíduos ou organizações podem descrever o que isso quer dizer. Por quê? Porque uma habilidade de comunicação varia de acordo com o contexto, o momento, o mensageiro, o público, a própria mensagem e as circunstâncias.

Com tantas variáveis, os líderes — assim como as mães — devem proceder com um objetivo e uma abordagem estruturada.

CONSIDERE QUEM VOCÊ ESTÁ TENTANDO ALCANÇAR

Às vezes, você pode lançar uma rede muito ampla e transmitir mensagens para toda a empresa por medo de perder alguém. Mas isso resulta em caixas de e-mails lotadas, membros da equipe sobrecarregados e uma grande quantidade de mensagens que mal são verificadas, muito menos lidas. Isso é especialmente verdadeiro em grandes organizações com muitos projetos multifuncionais.

Usando a analogia do pescador, considere o peixe que você procura. Mude sua perspectiva para se colocar em suas nadadeiras e identifique o formato mais adequado para atingir esse grupo.

Considerando que sua equipe inclui pessoas que responderão a iscas diferentes, pergunte-se: *qual método devo escolher para alcançá-los individualmente? É um memorando simples? Uma conversa cara a cara? Uma reunião de equipe? Uma reunião geral? Que nível de detalhe e frequência eles exigem? Sou eu mesmo quem deve entregar a mensagem?*

Pressionados pelo tempo, muitas vezes nos contentamos com o que nos é mais conveniente ou fácil, mas isso pode não ser eficaz.

Estabeleça uma estrutura em sua comunicação, assim como você faria em qualquer outro processo. **E quando implementar um protocolo de comunicação específico, seja cuidadoso ao usá-lo.** Muitas vezes os líderes pegam atalhos e saltam alguns passos simplesmente porque podem. Ao fazer isso, criam confusão e frustração em massa. Use os canais acordados e os procedimentos de comunicação que você deseja ver praticados em sua empresa.

CRIE UMA *HUB* DE INFORMAÇÕES

Em alguns casos, descobri que uma maneira eficaz de transmitir informações é restringir o público a alguns funcionários selecionados e, em seguida, atribuir a eles a responsabilidade de manter sua equipe atualizada.

Pense em tal grupo como uma *hub** de comunicação que centraliza todas as informações e todos os relatórios de volta para seus colegas ou departamentos. Seus membros não precisam ser líderes de departamento ou de projeto. Na verdade, esse tipo de atribuição é ideal para capacitar um funcionário promissor que está pronto para assumir responsabilidades adicionais.

Sempre que eu transmitia informações dessa maneira, podia com facilidade ver se a mensagem estava chegando ao público certo, verificando com os membros da equipe que estavam no final da linha de recebimento. Se a mensagem não tivesse chegado às pessoas certas ou tivesse sido distorcida, eu poderia emitir um aviso antes que se tornasse um problema.

Delegar responsabilidades de comunicação também tem os benefícios adicionais de criar um ambiente de confiança, promover a colaboração e desenvolver o membro da equipe escolhido, além de liberar um tempo valioso em sua agenda.

---

* *Hub* é um espaço que concentra vários produtos ou serviços. [N. E.]

PREVENIR A MORTE POR CAUSA DAS REUNIÕES

Quantas vezes você já se pegou em uma reunião se perguntando: *por que estou aqui? Existe uma maneira de comunicar essas informações de forma mais eficaz do que outra reunião?*

Se você acha que está constantemente jogando conversa fora, saindo do assunto, abordando questões secundárias irrelevantes para metade das pessoas presentes, divagando ou, pior ainda, percebendo que os participantes estão imersos em seus celulares e cuidando de outros assuntos, não faça mais essas perguntas. Esses são sintomas de reuniões improdutivas. O início dessa condição crônica é lento, mas os sintomas pioram com o tempo.

Grandes organizações são particularmente suscetíveis à morte causada por reuniões. Se não houver debate, discussão valiosa ou tomada de decisão envolvida, e se você não conseguir sair com uma decisão ou um plano de ação compreendido por todos, provavelmente não valeu a pena.

Muitas vezes relutamos em encerrar essas reuniões "zumbis" porque elas fazem parte de uma rotina estabelecida e os participantes simplesmente continuam aparecendo. Essas reuniões são meras sessões de despejo de dados. Encurte-as ou elimine-as completamente.

Elas devem durar o mínimo de tempo possível ou o tempo necessário para atingir um objetivo específico. Já ouviu falar na lei de Parkinson?* Ela mostra que a quantidade de trabalho se expande para preencher o tempo disponível para sua conclusão. Se você agendar uma reunião de uma hora, ela durará uma hora. Se você agendar apenas vinte minutos, concluirá sua discussão nesse período.

Para evitar cair em uma ladeira escorregadia, seja disciplinado ao criar e *seguir* uma agenda. Dessa forma, todos podem estar preparados para contribuir com a discussão, mas ficam limitados às questões que requerem opinião ou conselho. Se um tópico for relevante apenas para alguns indivíduos, ele pode ser apresentado no final da reunião ou em uma ocasião posterior, quando um comitê menor puder abordá-lo.

---

* Teoria criada por Cyril Northcote Parkinson, em 1955, que elabora os motivos que nos levam a desperdiçar tempo em questões burocráticas e infundáveis. [N. E.]

REUNIÕES VIRTUAIS BÁSICAS

Com o início da pandemia, todos nós tivemos que nos adaptar a usar o Zoom e outras plataformas de reunião virtual. Com o tempo, percebi o que funciona e o que não funciona. Não vou entrar no aspecto técnico disso, porque não sou especialista na plataforma, mas existem algumas regras básicas de etiqueta que tornam essas reuniões mais eficientes e fáceis.

Para começar, silencie seu microfone até que esteja pronto para falar. Ninguém está interessado em ouvir seu cachorro latindo ou qualquer ruído de fundo que emane de sua casa.

Em seguida, use o recurso de levantar a mão para que outros participantes saibam que você deseja contribuir. Isso evita que um fale por cima do outro.

Considere designar um mestre de cerimônia que possa facilitar a participação, verificando quem levantou a mão, escolhendo turnos de fala e monitorando a função de bate-papo.

Um último comentário: desligar a câmera me diz que você está fazendo outra coisa. Isso demonstra que você está desconectado do grupo e acha que tem tarefas mais valiosas para fazer. Se a reunião for concisa e houver uma agenda clara e relevante para todos os participantes, não há razão para que isso seja aceitável. Portanto, a menos que haja um motivo válido, como uma conexão lenta, ou que você tenha avisado ao grupo que está prestes a devorar seu almoço e deseja poupá-los do visual, ligue a câmera e preste atenção. (Ainda bem que desabafei isso!)

QUANDO POSSÍVEL, OPTE POR CONVERSAS PESSOAIS

Uma simples conversa presencial com uma pessoa permite que você responda a preocupações ou perguntas imediatas sem ter que lidar com os vaivéns da comunicação. Isso não apenas elimina muitos e-mails, mas também deixa menos espaço para interpretações equivocadas, pois o tom de voz e a linguagem corporal transmitem o que as palavras não conseguem.

Se um assunto for importante para você, abordá-lo pessoalmente também terá mais peso do que um memorando ou e-mail.

Quando tiver uma conversa individual, desligue o celular e guarde-o. Esteja presente. Ouça atentamente. Não olhe por cima do ombro do seu interlocutor e, em nome de tudo nesta vida, não olhe para o telefone. Você pode ter um milhão de outras coisas em mente, mas essa talvez seja a única oportunidade de o membro da sua equipe abordar preocupações ou discutir coisas importantes para ele. Concentre-se nessa conversa e mostre a ele que se importa, dando toda a sua atenção.

A propósito, isso vale para quando você está ao telefone. Se acha que pode fazer outra coisa enquanto ouve — ou finge ouvir —, pense novamente! A menos que não esteja fazendo nada de mais, as pessoas podem dizer que não têm toda a sua atenção.

VÁ DIRETO AO PONTO, SEJA BREVE E SE SENTE

Não tente abordar muitos assuntos com uma única mensagem. Se o seu estilo de comunicação é como "um grupo de bombeiros em ação", saiba que a maior parte de sua mensagem se dissipa no ar. As mães sabem disso muito bem, então usam mensagens simples e repetidas. Quando um adolescente pega as chaves do carro, a mãe dispara um rápido: "Dirija com cuidado e use o cinto de segurança".

Da mesma forma, os líderes devem simplificar sua mensagem. Por exemplo, se você está promovendo uma iniciativa de atendimento ao cliente, escolha um comportamento para incorporar em sua comunicação até que esteja totalmente integrado à cultura da empresa. Em seguida, passe para o próximo comportamento. Para manter tudo em mente, continue abordando-os de forma rotativa.

DEIXE-O AFUNDAR

Você pode estar pensando sobre um problema há algum tempo, mas, quando entrega a mensagem, pode ser a primeira vez que sua equipe ouve sobre ele. Em geral, os líderes assumem que, porque o comunicado já foi feito, sua equipe recebeu a mensagem. Grande erro.

Quando uma mãe tenta chamar a atenção dos filhos enquanto assistem à TV, ela sabe que é preciso mais de uma tentativa para desgrudá-los da tela. Assuma o mesmo com sua equipe. Você pode pensar que acabou de se comunicar, mas a mensagem ainda não chegou. Eles estão apenas começando a internalizar a informação.

Isso é especialmente verdadeiro quando um líder introduz um novo processo ou traz mudanças importantes para a organização. Considere a nova iniciativa e pense nela como um trem partindo. Alguns membros da equipe (geralmente uma pequena minoria) vão pular de imediato, ansiosos para chegar ao destino. Apoie-se neles para espalhar a palavra e conquistar o restante dos funcionários.

> **"Não confunda velocidade com pressa."**
> De Elise para Sandrine [Quevert, França]

Enquanto isso, a grande maioria (os céticos) esperará para ver como a mudança pode afetá-los pessoalmente. Os funcionários acabarão aderindo às melhorias, mas em seu próprio tempo e de seu próprio jeito, uma vez que compreendem o escopo da iniciativa.

Durante esse período de transição, os líderes devem transmitir a mensagem para agregar peso à iniciativa e garantir que a comunicação seja consistente, oportuna e precisa. Sempre haverá alguns retardatários e membros relutantes que manterão uma agenda própria e contrária à mudança. Eles podem até tentar sabotar a iniciativa com mensagens confusas ou conflitantes. Esses indivíduos podem acabar embarcando no trem, mas do jeito deles. Alguns nunca o farão, e você terá que lidar com isso como um problema de desempenho.

A comunicação em tempos de mudança exige que você invista tempo, esforço e repetição para que todos participem.

MANTENHA OS OUVIDOS ABERTOS

Depois de cuidar da mensagem de saída, é hora de prestar atenção na entrada. Assim como acontece com os adolescentes, os líderes às vezes sentem que a maioria das conversas acontece atrás de portas fechadas.

Se você está falando *com* as pessoas e nunca fornece um canal para que elas respondam, é provável que a porta continue fechada. Portanto, limite as palestras. Elas impedem que a mensagem seja transmitida, e isso resultará em revirar de olhos ou desdém coletivo.

Aja com intenção ao **estabelecer canais de comunicação bidirecionais**. Convide sua equipe para fornecer feedback e, como dito anteriormente, não seja vago sobre suas expectativas. Especifique o que deseja saber, o que está interessado em ouvir, o nível de detalhes que espera e com que frequência.

Se não houver comunicação de entrada, não assuma que tudo está bem. As mães sabem que, quando as crianças estão muito quietas, algo está acontecendo. Quando você sentir que pode não estar recebendo todas as informações de que precisa ou que sua equipe está relutante em compartilhar, envolva-se e **faça perguntas abertas e investigativas**. A princípio você pode obter apenas uma resposta vaga, mas, com persistência, pode chegar ao fundo do que quer que esteja na mente deles. (Consegui acabar com algumas travessuras de meus filhos com essa abordagem.)

Ao procurar informações, certifique-se de alcançar todos os níveis da organização e em todas as direções.

É incrível a facilidade com que você pode resolver problemas simples se a comunicação funcionar nos dois sentidos. Durante minhas visitas semanais ao Walt Disney World, sempre tentei me envolver com os membros da equipe de varejo. Uma das minhas perguntas favoritas sempre foi uma versão de: *em sua função, há algo que o deixa frustrado e que posso ajudá-lo a resolver?* Foi assim que descobri um problema que vinha sendo uma frustração contínua por um bom tempo.

Na época, a equipe de varejo do Pavilhão Alemão recebia dezenas de pedidos diários de Kinder Ovo — muito populares na Alemanha, mas não eram encontrados em nenhum lugar do Epcot. Essa era uma oportunidade perdida, e a equipe de varejo não conseguiu entender por que a compradora não via os pedidos. A equipe lamentava que as solicitações não eram atendidas.

Anotei a reclamação da equipe de varejo e lembrei-me de abordar esse pedido com a compradora em nossa próxima reunião.

De alguma forma, essa compradora nunca pensou a respeito. Em sua opinião, considerando o escopo de suas responsabilidades, ela tinha muitas questões mais prementes a tratar. No entanto, ficou surpresa quando compartilhei o grande número de solicitações diárias que recebiam e percebeu por que isso era uma grande frustração para os membros alemães do cast do Epcot.

Ela começou a explicar que o Kinder Ovo não fora aprovado pelo órgão de regulação de segurança dos Estados Unidos, pois continha um pequeno brinquedo que as crianças poderiam engolir por acidente. Resumindo: não poderíamos vender Kinder Ovo na Disney, de jeito nenhum.

Acontece que o assunto simplesmente se perdeu e se afogou no mar da comunicação bidirecional.

Voltei ao Epcot para entregar a mensagem. Talvez tivessem pensado que eu não prestaria atenção em uma informação altamente sensível! Tudo o que precisei fazer foi ouvir as duas partes nos dois lados da divisão de mercadorias e, em seguida, passar as informações *completas* para a pessoa *apropriada*.

Ninguém nunca levantou a questão adequadamente e sequer comunicou o motivo, criando assim frustração entre os dois parceiros. Um problema simples como esse pode prejudicar rapidamente uma relação de trabalho ou comprometer a credibilidade de alguém.

ESTEJA DISPOSTO A OUVIR O QUE VOCÊ NÃO QUER OUVIR

Para que haja uma comunicação eficaz, esteja disposto a ouvir a verdade e nada além da verdade, seja ela vinda de membros da equipe ou de clientes.

Faça com que seja seguro para eles expressarem frustrações e preocupações ou pedirem ajuda. Sempre disse a meus filhos adolescentes que eles poderiam me ligar quando precisassem de ajuda — sem perguntas, sem justificativas e sem medo de consequências.

Para um líder, pode valer a pena dar um passo para trás e se perguntar: *que mecanismos estabeleci para permitir que o fluxo de informações volte para mim? Sou acessível? Estou visível? Eu fico no horário de expediente para estar disponível para os membros da minha equipe? Existe uma maneira de as pessoas me contatarem anonimamente? Minha equipe pode me deixar mensagens pessoais de correio de voz? Realizo com frequência sessões de feedback da equipe? Agradeço aos membros da minha equipe por sua comunicação, independentemente de seu valor? E como reajo quando recebo más notícias ou feedback negativo?*

Todas essas são perguntas, ferramentas e táticas excelentes que você pode implementar para incentivar a comunicação bilateral.

CERTIFIQUE-SE DE QUE A COMUNICAÇÃO FOI EFETIVA

Por fim, analise o impacto e a eficácia da comunicação avaliando os resultados. Meça o quanto foi retido fazendo perguntas investigativas em diferentes níveis da organização. Dessa forma, você pode ver quem sabe o quê.

Já ouviu sua mãe perguntar: "O que acabei de dizer?". Ela também queria ter certeza de que a mensagem foi recebida. Quando você pede aos colaboradores na outra ponta para te entregarem a mensagem de volta, pode determinar se ela se transformou enquanto viajava pelo labirinto, algo muito parecido com o telefone sem fio.

Até que sua mensagem chegue como pretendida, você precisa continuar transmitindo-a, tornando-a simples, objetiva e, portanto, fácil de memorizar.

—

Em uma recente visita a Nova Orleans, notei uma placa acima da pia do banheiro feminino do aeroporto. Dizia: "Lave as mãos como se tivesse acabado de comer lagostim e precisasse colocar lentes de contato".

Eu ri e obedeci. A mensagem era engraçada, contextualizada e fácil de lembrar.

Por que isso foi tão eficaz? Quando a comunicação desencadeia uma resposta emocional — seja surpresa, riso, tristeza ou orgulho —, nós a retemos. Isso apoia a ideia de que os líderes nunca devem ignorar uma das formas mais poderosas de se comunicar: **contar histórias**.

CAPÍTULO DOZE

ERA UMA VEZ...

Minha mãe, Anna, nasceu em 1932 em uma área rural perto de Lyon, na França, e tinha sete anos quando a Segunda Guerra Mundial começou. A Alemanha invadiu a França em maio de 1940 — poucos dias antes de mamãe fazer oito anos — e forçou o governo francês a se render. Como resultado, os franceses viveram sob o controle alemão e tiveram que cumprir um rigoroso racionamento de comida e combustível.

Em 1943, alguns dos funcionários ferroviários franceses se juntaram à Resistência e ajudaram a sabotar a infraestrutura sempre que possível. Meu avô estava entre esses homens corajosos. Durante a Resistência, ele aparecia esporadicamente no meio da noite para ver a família, mas passava a maior parte do tempo escondido com os companheiros de luta.

Sem um pai presente, a família não tinha muitos recursos. A comida era escassa, pois ingredientes básicos, como leite, carne e batatas, eram redirecionados para o exército alemão. Todos tentavam sobreviver cultivando alimentos e vasculhando tudo o que podiam.

Enquanto eu crescia, mamãe às vezes compartilhava memórias da guerra. Ela falava sobre como eles cozinhavam com banha, se tivessem a sorte de conseguir um pouco, comiam vegetais de raiz ou repolho na maioria dos dias e nunca viram um grama de açúcar ou chocolate durante toda a guerra.

Mamãe costumava falar sobre a libertação da França e como ela e outras crianças reuniram coragem para ir visitar as tropas americanas em um campo de batalha próximo depois de terem derrotado as forças alemãs, pondo-as em retirada. Ela conta de um bondoso soldado americano que lhe deu uma colher de chá de açúcar, que ela carregou cuidadosamente no bolso durante todo o caminho de volta para casa, para dar a sua mãe. Era uma mercadoria preciosa demais para ser perdida.

No dia seguinte, outro soldado deu a ela um pedaço de chocolate Hershey's das rações K* do Exército dos Estados Unidos — um deleite paradisíaco para uma criança que acabara de suportar cinco anos de racionamento.

> **"Quando você não pode ter o que gosta, deve gostar do que tem."**
> De Leona para Elise [Fouras-les-Bains, França]

Terminada a ocupação, as coisas foram melhorando lentamente. Mamãe se lembrava de que, no primeiro Natal depois da guerra, ela e os irmãos ganharam um único presente: uma laranja. Até hoje mamãe afirma que ainda pode saborear a doçura e o azedinho daquela laranja, que comeu pouco a pouco ao longo de vários dias.

As histórias de mamãe pintaram um quadro vívido de como era a vida durante a ocupação. Eu ficava angustiada quando ela descrevia as restrições injustas com as quais eles tiveram que conviver e chorava sabendo que ela teve que passar por tudo isso quando criança. Quando ela descrevia a alegria de provar algo tão simples como açúcar, chocolate ou laranja, juro que quase conseguia sentir o gosto também.

Já ouvi essas histórias muitas vezes e elas ocupam um lugar especial em meu coração. Penso em mamãe quando vejo uma barra de cho-

---

* Conhecidas como MRE (*meal ready to eat*). No período da Primeira Guerra Mundial, a indústria alimentícia que fabricava comida para soldados ainda estava em seu começo, mas as rações K são muito famosas até os dias de hoje. [N. E.]

colate Hershey's e até hoje jogo comida fora com relutância, sabendo que ela desaprovaria.

Essas histórias são memoráveis não apenas porque fazem parte da herança da minha família, mas também porque sempre me provocam uma reação emocional. E, quanto mais emocionados ficamos, mais podemos nos relacionar e mais nos lembramos.

As mães entendem isso. Elas se conectam com seus filhos por meio de histórias e transmitem conhecimentos e valores de uma geração para outra. Isso não é novidade.

Durante séculos, a cultura foi transmitida de maneiras similares, seja por meio de pinturas rupestres, livros ou oralmente ao redor de uma fogueira. E hoje temos uma infinidade de opções ao nosso alcance, graças à tecnologia. **O resultado de uma história convincente é sempre o mesmo: fica na memória coletiva.**

No meu caso, as histórias de minha mãe me ensinaram sobre resiliência e coragem, sobre não tomar nada como garantido, sobre apreciar as pequenas coisas e sobre bondade.

—

Às vezes, as histórias são apenas produto da nossa imaginação, mas podem transmitir uma mensagem memorável com tanta intensidade como se fossem reais.

Quando meus filhos eram pequenos, a hora de dormir era, de longe, o momento favorito do dia. Finalmente eu conseguiria tirar os sapatos e me aconchegar com eles. Todos os meus três filhos tinham um ritual para ir para a cama que incluía a hora da história antes de dormir.

Tristan gostava das histórias de *Os ursos Berenstain*, e Jullian amava o Dr. Seuss. Quando tinha por volta de seis anos, Margot tinha um ritual próprio para quando íamos ler "a história da cama". Não me lembro como essa história surgiu, mas aqui está como a contamos — com grande ênfase para o efeito dramático.

"Séculos atrás, as famílias se deitavam onde podiam e dormiam no chão. Anos depois, elas se instalariam em moradias e dormiriam em estrados feitos de feno. Alguém acabou pensando em colocar o feno em um saco e erguê-lo do chão para protegê-lo do frio e da umidade.

A cama foi inventada assim. Em seguida, vieram o cobertor e o travesseiro. Mais tarde, o estribo e a cabeceira, para que seus pés e sua cabeça não caíssem à noite. E, finalmente, veio o principal da cama: o lençol! Mantém você fresco quando está quente e aquecido durante as noites frias."

A história terminava assim. Nesse ponto, Margot, que esperava alegremente por esse momento o tempo todo, gritava: "O lençol NÃO É O PRINCIPAL!". A gente demonstrava nossa indignação e concordava com ela. Depois de ficarmos provocando ela um pouco, finalmente a colocávamos na cama e apagávamos a luz.

Dan e eu sempre nos perguntávamos por que Margot gostava tanto dessa história boba. Passamos a perceber que a repetição lhe trazia uma sensação de segurança e que a rotina a confortava. Além disso, ela adorava se comportar mal no final, pois fingíamos estar perplexos e saíamos do quarto dela consternados.

Margot agora é uma mulher adulta, mas ainda se lembra dessa história com carinho. As histórias são assim. Mesmo que tenham um teor leve, elas podem trazer de volta memórias e evocar momentos que apreciamos.

As mães entendem o quanto isso é importante. É por isso que lemos livros para nossos filhos, mesmo que eles peçam o mesmo livro noite após noite.

As mães interpretam os papéis e usam vozes diferentes — qualquer coisa para tornar a história mais realista ou mais identificável. Elas usam histórias como momentos de ensino para comunicar valores e insights. Elas entendem que um bom conto pode ajudar as crianças a explicarem os próprios sentimentos, pois lhes fornece uma referência emocional.

Os livros não apenas entretêm e expandem a imaginação, mas também ensinam as crianças sobre a vida em toda a sua bela diversidade.

Além disso, o gosto por histórias transforma a criança em um ávido leitor, e as crianças que gostam de ler crescem com um vocabulário melhor. Isso as ajuda ainda mais a se tornarem melhores alunos e, eventualmente, isso impactará toda a sua educação. Uma boa educação pode permitir que sigam a carreira pretendida e tenham mais oportunidades — parte do plano a longo prazo que as mães estão ferozmente determinadas a realizar.

É por isso que elas usam a narrativa para compartilhar uma visão poderosa ou transmitir uma mensagem importante para os filhos.

—

Certa vez li o livro *O fim da pobreza*, no qual Jeffrey Sachs apresentou os Objetivos de Desenvolvimento do Milênio (ODM). Como líder dos ODM, Sachs apelou à comunidade internacional para construir estradas e infraestrutura. Por quê? Porque a melhor maneira de ajudar as pessoas a saírem da pobreza é colocar ao seu alcance a educação, a saúde e o comércio, os principais impulsionadores do crescimento e do desenvolvimento.

Estradas e transportes dão às pessoas acesso a escolas, onde os filhos podem estudar, a hospitais e a mercados, onde podem vender os produtos que produzem ou cultivam.

O propósito dos ODM era erradicar a pobreza extrema até 2015. Essa data já passou, mas ainda há centenas de milhões de pessoas vivendo com menos de um dólar por dia.

Um dos maiores obstáculos dos ODM é que ninguém se sente motivado a investir em infraestrutura. Um pedido de financiamento rodoviário não mexe com a imaginação de ninguém e, portanto, não nos obriga a pegar o talão de cheques. Todos somos mais propensos a doar para uma instituição de caridade quando vemos fotos de crianças necessitadas ou ouvimos as histórias de uma família que precisa sobreviver sem água potável.

Essas histórias tocam nossos corações porque podemos facilmente nos imaginar na mesma situação. Elas nos instigam a reagir e *fazer alguma coisa*. **As histórias mostram um quadro e nos levam à ação.** Elas nos energizam, agitam, galvanizam, motivam, capacitam, encorajam e estimulam. E isso é, em essência, o que os líderes devem almejar.

Nada envolve mais as pessoas do que uma boa história. Como líder, você pode transmitir suas ideias e seus sonhos, compartilhar seus valores e sua visão para a organização, trazer clareza às suas expectativas, ilustrar os comportamentos que espera ver e inspirar sua equipe a um desempenho melhor. E você pode fazer tudo isso contando histórias. É uma das habilidades mais poderosas de um líder.

> **"Sempre cuide do seu próprio jardim."**
> De Aída para Nouha
> [Beirute, Líbano]

Contadores de histórias eficazes são habilidosos, espirituosos, articulados e eloquentes. Claro, nem todo mundo é um contador de histórias nato. Embora possa não ser fácil, qualquer um pode aprender algumas habilidades básicas de contar histórias.

APRENDA COM OS OUTROS E DEPOIS PRATIQUE

Há muitas maneiras de contar uma história memorável. Assista a palestrantes e contadores de histórias qualificados e veja como eles se conectam com o público. Encontre alguém com quem você possa praticar, conte suas histórias para aprimorar suas habilidades. Comece com tópicos pelos quais você é apaixonado. Use detalhes para pintar uma imagem vívida. Assim como as mães fazem com seus filhos, use variações na entonação e no ritmo para capturar a imaginação do seu público e mantenha o suspense vivo até chegar ao cerne da sua mensagem.

COMECE COM O FIM EM MENTE

Ao usar a narrativa com sua equipe, seja intencional. Pense no que você espera conseguir contando a história. Pergunte a si mesmo o que deseja que seu público sinta, aprenda e retenha. Identifique momentos ou exemplos que podem ser transformados em uma história que direcionará o assunto.

Depois de definir o resultado desejado, faça a engenharia reversa do processo, trabalhando em sua história para garantir que ela transmita as emoções que você precisa gerar. Em seguida, entregue a mensagem.

CONTE UMA HISTÓRIA CURTA E MEMORÁVEL

Uma boa história tem uma lição central, um bom insight, um tesouro memorável de sabedoria. Concentre-se no que é mais importante e faça disso o centro da sua história.

Menos é mais. Estudos mostram que retemos apenas cerca de 10% do que ouvimos. Então, o que você compartilha deve ser sucinto o suficiente para que a equipe não se perca e, posteriormente, se lembre do que se trata a sua história.

FALE COM O CORAÇÃO

É necessário que isto seja bastante claro agora: grandes líderes são genuínos. Fale com o coração, seja contando uma história pessoal ou dando um exemplo inspirador. Ao fazer isso, você mexe com as emoções das pessoas e sua equipe se relaciona melhor.

Além disso, os membros de sua equipe saberão quem você é e o que deseja para eles e deles. E eles vão se lembrar do teor principal de sua mensagem. Isso promoverá a introspecção e o pensamento crítico e obrigará seu público a agir.

Antes que você perceba, terá inspirado as pessoas a demonstrar as habilidades e os comportamentos que espera ver. Eles terão aprendido a lição que você está tentando ensinar.

—

Os líderes precisam entender o que as mães sempre souberam: **as histórias vão muito além de transmitir lições de vida. Elas conectam as pessoas através das emoções.** Por quinze anos, trabalhei para a Disney, onde cultivamos o poder de uma história não apenas por meio de filmes, mas também por meio de toda a cultura da empresa — convidados relatando suas memórias queridas da Disney, funcionários compartilhando sua paixão pela empresa, pessoas se conectando por meio do poder de suas emoções.

Contar histórias não é exclusivo das empresas de entretenimento. É uma ferramenta disponível para todos os líderes que desejam inspirar suas equipes.

No entanto, há uma coisa que você deve ter em mente: nada do que fez até agora — definir a estrutura para o sucesso, treinar, reconhecer, instruir ou comunicar-se com eficácia — fará a menor diferença se você não praticar o que prega.

O poder de uma história só pode ser igualado ao poder de um exemplo. Muitas vezes as ações falam mais alto que as palavras.

CAPÍTULO TREZE

EU QUERO SER COMO VOCÊ

Eu costumava me divertir muito vendo meu marido alimentar nossos filhos. Dan cuidadosamente enchia uma colher com comida para bebês e, ao se aproximar do rosto de nosso filho, abria a boca, esperando que ele fizesse o mesmo. Eu achava hilário... até perceber que eu fazia a mesma coisa.

Bobo, não é? Mas funciona. Como? As crianças estão programadas para imitar as pessoas ao seu redor. É por isso que os bebês sorriem se você sorri para eles, tentam mostrar a língua se você sorri, tentam cantar se você canta e abrem a boca quando você abre a sua. Os bebês vocalizam em resposta à fala da mãe e replicam sua variação de tom.

Se a mãe derramar uma lágrima ao deixar o filho no primeiro dia de escolinha, a criança responderá da mesma forma. Os bebês percebem a ansiedade da mãe, mesmo que não consigam entender o que está acontecendo.

À medida que crescem, as crianças reproduzem todos os movimentos dos pais: maneirismos, linguagem corporal e a maneira como falam. Como normalmente passam mais tempo com a mãe, eles verão como ela se comporta, especialmente ao lidar com outras pessoas. *A mãe é amigável e se relaciona facilmente com estranhos? Ela é retraída e tímida? Ela gosta de ser o centro das atenções ou é mais introvertida?*

Embora não tenham palavras para descrever o que estão vendo, as crianças prestam atenção a todos os itens citados e imitam o comportamento dos pais. Dessa forma, os adultos estabelecem a referência para as habilidades sociais das crianças. O mesmo vale para muitos outros comportamentos que as crianças aprendem observando os pais.

Eles mentem ou embelezam a verdade? Eles tendem a falar mal dos outros, desviam a responsabilidade por suas ações ou se responsabilizam por seus erros? Eles se exercitam e têm um estilo de vida saudável? Eles são fumantes ou bebedores compulsivos? Eles são propensos a comportamentos agressivos ou abuso verbal?

Se você tem filhos, sabe que eles estão observando todos esses comportamentos e absorvendo-os como uma norma. Os pais são a maior influência na vida dos filhos, não tenha dúvida.

Com isso em mente, recentemente perguntei à minha filha Margot, hoje com 24 anos, sobre a influência que tive em seu comportamento quando adulta. A resposta dela? Ela aprendeu comigo que, se você esticar as pernas e colocar os pés descalços no colo do cônjuge ou namorado e mexer os dedos por tempo suficiente, há uma boa chance de receber uma massagem nos pés... Poxa! Não era exatamente a resposta que eu esperava.

Brincadeiras à parte, isso ilustra o dilema central de ser um modelo. A boa notícia é que seus filhos estão observando você e imitarão seu comportamento. As más notícias? Seus filhos estão observando você e imitarão seu comportamento.

Então, como as mães garantem que as crianças imitem os comportamentos positivos, e não os negativos? Como inspiramos nossos filhos a captar nossos melhores atributos em vez de nossas peculiaridades e erros?

Primeiro, a mãe deve identificar os comportamentos que deseja ensinar aos filhos e dedicar tempo para isso. Quando falo ensinar, não me refiro a dar um grande sermão ou uma palestra. Em vez disso, as mães precisam liderar o caminho demonstrando o que esperam.

Elas sabem que, para criar filhos que serão indivíduos trabalhadores, elas precisam demonstrar uma grande ética de trabalho. Se elas esperam criar filhos caridosos, simplesmente *dizer a eles* para serem generosos com seu tempo ou dinheiro não resolverá. Em vez disso, elas podem levar os filhos com elas ao serviço voluntário ou podem doar regularmente para a caridade.

As mães entendem que, se elas mesmas nunca pegarem um livro, há menos chances de seus filhos se tornarem leitores ávidos. Elas sabem que pais que adotam um estilo de vida saudável aumentam as chances de terem filhos saudáveis.

Se as mães diminuírem o tempo na frente da televisão e promoverem a interação familiar, as crianças estarão mais inclinadas a fazer o mesmo e limitar as mídias sociais, os jogos e a exposição à TV.

Elas sempre acertam? Claro que não. Se as crianças perceberem a menor discrepância entre o que as mães *afirmam* e o que elas *realmente fazem*, elas vão *desafiá-las*.

As crianças, principalmente os adolescentes, farejam a hipocrisia como cães de caça. Elas apontarão qualquer transgressão ou deficiência se tiverem a chance. E, se houver uma lacuna muito grande entre o que os pais *dizem* e o que *fazem*, os adolescentes procurarão um modelo em outro lugar, alguém que pratica o que fala de maneira confiável.

Para permanecerem influentes na vida dos filhos, as mães precisam manter a credibilidade. Para fazer isso, uma das melhores coisas que elas podem usar como modelo é a responsabilidade. Elas sabem que é importante admitir quando estão erradas, reconhecer quando cometeram um erro e dizer que sentem muito quando magoam alguém. Dessa forma, as crianças aprendem duas lições valiosas.

Primeiro, aprendem que ninguém é perfeito e todos somos propensos a cometer erros. Em segundo lugar, aprendem que admitir deficiências não as torna pessoas inferiores. Na verdade, mostrar vulnerabilidade requer coragem.

Ao criar esse modelo de responsabilidade e estar disposta a compartilhar seus erros, as mães efetivamente criam um espaço seguro para o fracasso dos filhos.

As mães também entendem que não são o único exemplo na vida de seus filhos, especialmente na adolescência. Elas ficam de olho em quem seus filhos estão admirando — sejam amigos, parentes, personalidades do esporte ou celebridades. Que valores essa pessoa defende? A resposta a essa pergunta determinará se uma mãe incentivará ou não essa proximidade. No entanto, orientar as escolhas de uma criança de oito anos é muito mais fácil do que uma de dezesseis. Por isso mesmo, as mães sabem que o tempo é essencial.

Quando as crianças são pequenas, é fácil monitorar ou até mesmo influenciar sua escolha de modelos. Assim, as mães destacam os valores, as qualidades e as realizações de indivíduos que consideram dignos, na esperança de direcionar isso aos filhos.

Se os pais costumam falar sobre as pessoas que admiram ou sobre os princípios morais aos quais aderem, pode ter certeza de que os filhos estarão inclinados a adotar os mesmos pontos de vista. É por isso que a maioria das crianças compartilha as mesmas crenças políticas e sociais dos pais. Mas, se esperarem até a adolescência para transmitir seus valores, pode ser tarde demais. A essa altura, eles têm pouca influência nas decisões dos filhos e precisam deixá-los exercer o próprio julgamento.

No entanto, se os pais modelarem os comportamentos certos e ensinarem os valores certos desde cedo, podem ter certeza de que, quando os filhos forem adolescentes, saberão intuitivamente distinguir uma decisão inteligente ou uma boa influência de uma má.

As mães também entendem que, para serem modelos respeitados e transmitirem certos comportamentos, devem ser consistentes em todos os aspectos. Um passo em falso — mesmo em uma área não relacionada — ou um único abalo na integridade de alguém pode comprometer sua credibilidade.

Por exemplo, havia um *quarterback* da National Football League que meus filhos e seus amigos admiravam como um atleta incrível e um modelo a ser seguido. No entanto, veio à tona que esse homem organizava brigas de cães e apostava nos resultados. Essa notícia gerou uma animada conversa no banco de trás do carro entre os meninos.

Esse tipo de conversa é um daqueles momentos em que as mães sabem que devem ficar bem invisíveis e quietas e ouvir atentamente. Sem nenhuma contribuição vinda do banco do

> **"Um peixe sempre começa a feder e apodrecer pela cabeça."***
> De Rosina para Alessandra [Milazzo, Sicília, Itália]

---

* Uma máxima do meio empresarial segundo a qual, quando um negócio apresenta dificuldades, geralmente o problema está na liderança. [N. T.]

motorista, os meninos logo concordaram que a briga de cães era uma prática cruel, e isso efetivamente manchou a imagem daquele atleta como jogador e modelo, independentemente de suas habilidades atléticas.

Considerando que os meninos tinham entre seis e treze anos, fiquei orgulhosa de ouvi-los exercitar seu bom senso e mudar de ideia sobre o indivíduo em questão. Em vez de se envolver e tentar menosprezar o modelo, foi satisfatório para mim vê-los usar *o próprio julgamento* a despeito do que a TV, a mídia social, os amigos, eu ou qualquer outra pessoa pudesse dizer. Era a prova de que os valores corretos estavam sendo assimilados.

Enquanto isso, não pude deixar de pensar em como é difícil construir uma grande reputação como modelo e como tudo pode desmoronar de uma hora para outra.

—

Ken Blanchard diz: "A chave para uma liderança bem-sucedida é a influência, e não a autoridade". Como você influencia as pessoas? Mostrando o caminho pelo próprio comportamento. As empresas têm uma cultura distinta, assim como as famílias. E, assim como os pais dão o tom para os filhos, os líderes dão o exemplo para as equipes e organizações... por bem ou por mal.

Nenhum dos atributos de um líder fará a menor diferença se você não modelar os comportamentos corretos. Você pode ser um líder inteligente, um estrategista brilhante ou um visionário ousado, mas nada disso importa se não conseguir fazer sua equipe executar o plano, entregar o projeto ou concluir com eficiência as tarefas exigidas pelo trabalho. Então, como colocar sua equipe no caminho certo?

AJA DE ACORDO COM O QUE PREGA

Os líderes definem os valores de uma organização por meio de seus comportamentos, e tudo flui a partir daí. Você espera excelência da equipe? Seja excelente. Você espera que as pessoas tratem os clientes e membros da equipe com respeito? Seja respeitoso. Você quer que sua equipe tenha responsabilidade? Comece por você. É assim que inspirará as pessoas a adotarem os comportamentos certos. É também a forma mais eficaz de comunicar expectativas.

Mais do que apenas ouvir o que você diz, os membros de sua equipe estão monitorando de perto o que você faz.

Já esteve em um escritório por volta das 19 horas e descobriu que muitos membros da equipe ainda estavam trabalhando? Já enviou um e-mail tarde da noite ou no fim de semana e recebeu uma resposta imediata de sua equipe? Você pode defender uma abordagem equilibrada para a vida pessoal e profissional com uma expressão facial mostrando cansaço extremo, mas, a menos que modele esse comportamento, sua equipe vai imitá-lo, e não ouvirá suas palavras.

Os membros da equipe recebem dicas a partir do que o líder faz. Todos os olhos estão voltados para você. Se ficar até tarde, os membros da equipe concluirão que fazer isso é um pré-requisito para a excelência no desempenho e o avanço potencial, não importa o que você diga.

Isso vale para qualquer outra coisa, seja a maneira como se dirige às pessoas, como fala sobre os outros, sua disponibilidade ou a falta dela, sua confiabilidade e responsabilidade, seu estilo de trabalho e até mesmo a maneira como se veste. Até mesmo a maneira como você se comporta fora da organização, o que me leva ao próximo ponto.

LIDERE PELO EXEMPLO... MESMO QUE VOCÊ ACHE QUE NINGUÉM O ESTEJA OBSERVANDO

Vamos supor que sua empresa decida se concentrar na segurança da equipe de trabalho. Você pode pedir aos membros da equipe que pratiquem comportamentos seguros em tudo o que fazem. No entanto, se você ou outros líderes dirigem como loucos ou chegam cantando pneu no estacionamento todas as manhãs, que mensagem isso transmite? A segurança é realmente algo com que os líderes se preocupam? Isso de fato importa muito para a organização? Pode apostar a sua doce vida que essa iniciativa de segurança já perdeu a corrida desde a largada.

"Se algo é bom para uma pessoa, será bom para outra pessoa também."
De Joy para Erin
[St. Petersburg, FL, EUA]

Os membros da equipe notarão a discrepância e concluirão que segurança nada mais é do que uma palavra espalhada ou colada em quadros de avisos. A conformidade desaparecerá rapidamente e os comportamentos escorrerão pelo ralo. Em breve, não haverá como voltar atrás e ninguém se importará. A integridade da organização será atingida e sua reputação será manchada.

"Faça o que eu digo, não faça o que eu faço" nunca funcionou e nunca funcionará.

Agora, como eu disse antes, ninguém é perfeito, e os líderes cometem erros. Portanto, para não prejudicar sua reputação, será útil adotar as táticas a seguir.

CRIE UM AMBIENTE SEGURO PARA QUE AS INCONSISTÊNCIAS SURJAM

Os membros da equipe devem se sentir seguros ao levantar questões quando houver uma discrepância entre o que os líderes *esperam* e o que eles *demonstram*. Os adolescentes podem não ter nenhum escrúpulo em criticar a hipocrisia, mas os funcionários, sim. Eles hesitarão por medo de comprometer a carreira.

Avalie se você incentivou, facilitou e acolheu de forma expressiva esse feedback. Pergunte a si mesmo: *Temos um procedimento em vigor? Oferecemos uma oportunidade para comentários anônimos? O feedback será mantido em sigilo? Realmente não haverá repercussões ao fornecer um feedback?*

Se a resposta for não, você está perdendo a oportunidade de iluminar alguns de seus pontos a serem desenvolvidos, fazer mudanças e obter alguma credibilidade no processo. Se você acha difícil influenciar comportamentos em sua organização, pode ser que suas ações contradigam o que você prega e que você não tenha consciência disso. Incentive os membros de sua equipe a falarem sobre o assunto.

VULNERABILIDADE DO MODELO

Quando você tomar conhecimento de um erro que cometeu, seja rápido em admiti-lo. Melhor ainda, agradeça aos membros da equipe que lhe deram um feedback sincero. Peça desculpas publicamente, se necessário, e faça as alterações necessárias.

Responsabilizar-se vai torná-lo querido por sua equipe e promover a confiança — mesmo que seja à custa de seu ego ferido. Isso enviará a mensagem de que a perfeição não é esperada e aliviará a ansiedade dos membros da equipe e a pressão para serem perfeitos.

DEFINA O TOM DESDE O INÍCIO

> "Tenha o coração honesto que diz: 'Sim'. A gratidão que diz: 'Obrigado'. Um coração com remorso que diz: 'Desculpe'. O espírito trabalhador que diz: 'Eu farei'. O coração humilde que diz: 'Graças a você'."
>
> De Sachiko-San para Etsuko-San (Ishinomaki, Miyagi, Japão)

Eu relatei anteriormente como é importante conhecer e interagir com novos membros da equipe. Estar visível e acessível permitirá que você coloque as novas contratações no caminho certo. O comportamento é contagiante, especialmente quando você ingressa em uma organização.

Os novos membros da equipe observam como as coisas são feitas e o que é aceitável. Eles leem o ambiente e imitam o que veem, assim como crianças pequenas imitam o comportamento da mãe. Você deseja garantir que vai expô-los ao melhor modelo possível, porque nesse momento eles estão mais receptivos e flexíveis.

Finalmente, não vamos descartar o fato de que ser um modelo pode levar a resultados inesperados. Meus três filhos sempre organizaram a louça espontaneamente colocando-a na lava-louças depois do jantar. Alguns amigos me perguntam como ensinamos eles tão bem. Essa foi uma tarefa que havíamos atribuído a eles bem cedo? Havia alguma forma de recompensa envolvida?

A verdade é que nunca tivemos que pedir às crianças que fizessem isso! Elas simplesmente imitaram o que viram sendo feito. Dan e o pai dele sempre assumiram a responsabilidade de limpar a mesa quando oferecíamos jantares, então as crianças naturalmente copiaram o comportamento do pai e do avô. Embora nunca tenha sido intencional, elas se apossaram desse comportamento.

Um exemplo semelhante aconteceu enquanto eu trabalhava na Disney. Durante minha caminhada matinal pela área de varejo que supervisionava, quando uma loja estava limpa e bem abastecida, e todos estavam prontos para o dia com seus crachás e um sorriso no rosto, eu dizia em voz alta para todos ouvirem: "Gosto do que estou vendo!".

Eu ri sozinha ao ouvir um dos gerentes da loja proferir a mesma citação de maneira semelhante. Simplesmente adorei o fato de ele ter percebido e aprendido a elogiar sua equipe publicamente.

Então, goste ou não, você vive sob os holofotes e nunca sabe quem está te observando! Você é um modelo 24 horas por dia, sete dias por semana. Cabe a você escolher se o será para o bem ou para o mal.

—

Agora, você não apenas estabeleceu com sucesso a base para o sucesso, mas também aprendeu os comportamentos que garantirão que sua equipe esteja engajada e possa operar com eficiência. No entanto, se acha que sua tarefa está concluída, tenho uma notícia: as coisas raramente acontecem como planejado. Você certamente sentirá alguns solavancos ao longo do caminho, e os obstáculos são esperados.

Existem ainda mais habilidades e táticas que vão ajudá-lo a navegar em águas turbulentas. Ao adotá-las e dominá-las, você verá a diferença entre apenas sobreviver e prosperar. É nisso que vamos nos concentrar na parte três.

PARTE TRÊS

PROSPERANDO

CAPÍTULO QUATORZE

JÁ ESTAVA NA HORA!

Julia Child disse certa vez: "A hora do jantar é um momento sagrado em que todos devem estar juntos e relaxados".

Bem, obrigada, Julia, e boa sorte com isso! Qualquer mãe dirá a você que, das 16 horas às 20 horas, é provavelmente o momento mais agitado do dia. Se Julia Child tivesse criado os próprios filhos, ela teria experimentado o que a maioria das mães experimenta todos os dias.

Se você é pai ou mãe, provavelmente está concordando comigo. Se você não é pai ou mãe, permita-me mostrar uma prévia de como costumam ser as tardes e o início das noites em uma casa com três filhos pequenos.

16:15   Pegue as crianças na escola. Hora do lanche.

16:30   Deixe o filho nº 1 no treino de futebol. Comece a dirigir de volta para casa. Volte porque o filho nº 1 esqueceu a garrafa de água no carro. Entregue a garrafa e dirija para casa.

16:55   Peça às crianças nº 2 e nº 3 que comecem a lição de casa.

17:00   Hora de pôr a roupa para lavar.

17:10   Rastreie a criança nº 2 e tire-a de uma de suas eternas idas ao banheiro. Mande-a de volta para a mesa de lição de casa.

17:20   Procure as indescritíveis caneleiras de futebol do filho nº 3.

17:35	Tire o filho nº 3 da despensa e mande-o de volta para fazer o dever de casa.
17:45	Procure o livro de história desaparecido do filho nº 2.
18:00	Pegue o filho nº 1 no treino de futebol. Deixe o filho nº 3.
18:15	Deixe o filho nº 2 na aula de violão. Volte para casa.
18:20	Leve o filho nº 1 para tomar banho e depois o coloque para fazer a lição de casa.
18:25	Comece a preparar o jantar.
18:30	Corra até a loja para comprar a cartolina para um projeto escolar obrigatório para o dia seguinte de que o filho nº 1 acabou de se lembrar.
18:45	Prepare as lancheiras para amanhã.
19:05	Pegue o filho nº 3 no treino de futebol. No caminho para casa, lembre o marido de não se esquecer de pegar o filho nº 2 na aula de violão quando estiver voltando para casa.
19:15	Continue preparando o jantar. Resolva uma discussão entre os filhos nº 1 e nº 3. Coloque a roupa na secadora.
19:25	Peça ao filho nº 3 que ponha a mesa. Cumprimente o marido e mande o filho nº 2 tomar banho.
19:27	Peça ao filho nº 3 que ponha a mesa, de novo. Ouça o marido e se solidarize com ele reclamando do seu dia de trabalho.
19:29	Peça ao filho nº 3 que ponha a mesa, mais uma vez. Termine de preparar o jantar.
19:30	Chame todos os membros da família para a mesa de jantar.
19:31	Chame todos os membros da família para a mesa de jantar, pela segunda vez.
19:32	Tire o marido do celular.
19:33	Tire o filho nº 1 da frente da TV e o filho nº 2 do chuveiro.
19:34	Ameace entrar em greve.
19:35	Sente-se para jantar.
19:36	Levante-se para buscar os talheres esquecidos.
19:37	Coma.

Nos próximos vinte minutos, mais ou menos, *se* tivermos sorte, realmente nos sentaremos juntos e jantaremos. (Quanto à parte de *relaxar*, ainda estamos trabalhando nisso). Solte um longo suspiro!

Assim é a vida de uma mãe entre 16 horas e 20 horas. É uma correria louca para alimentar a família e deixar todos prontos para o dia seguinte. Com o tempo, percebi que havia uma maneira melhor, e ela vinha de duas formas: entrega de pizza e gerenciamento de tempo.

A maternidade é um trabalho em tempo integral, com muitas horas extras. Na verdade, quando você se torna mãe, dedicar-se 24 horas por dia, sete dias por semana, é o único horário disponível. Não existe folga remunerada, férias, feriados nacionais ou aposentadoria. Você não pode demitir ou dispensar seus filhos e definitivamente não pode trocá-los. Uma vez que você inicia essa vida, está nela a longo prazo.

Elizabeth Gilbert disse com razão: "Ter um bebê é como fazer uma tatuagem no rosto. Você realmente precisa ter certeza de que é o que deseja antes de se comprometer".

A maternidade permeia *toda* a sua agenda e lança mais do que uma pedra gigante em seus planos. Você é uma só e há muito o que fazer.

"É impossível estar em dois lugares ao mesmo tempo."
De Nana Barbara para Lisa [Nova York, NY, EUA]

Quer tenham um, dois ou uma dúzia de filhos, as mães encontram maneiras eficientes de fazer as coisas, não importa onde estejam. Portanto, se existe alguém que sabe uma ou duas coisas sobre gerenciamento de tempo, essa pessoa é uma mãe. Se você criou um filho, entende intrinsecamente que, para sobreviver, precisa ser organizado e planejar *tudo* — sejam refeições, roupas, recados, tarefas domésticas e até intervalos para ir ao banheiro!

Tornei-me uma mestra em aproveitar o tempo de inatividade ao lado dos campos de atletismo, onde cuidava de e-mails e outras tarefas, como ligações comerciais. Paguei inúmeras contas enquanto esperava pelas crianças e até embrulhei presentes de Natal na parte de trás da minha van enquanto aguardava no estacionamento.

Meus filhos aprenderam a fazer o mesmo. Eu sempre tinha tesoura, fita adesiva, cola e marcadores para que eles pudessem fazer o dever de casa e dar os retoques finais nos projetos da escola enquanto aguardávamos um irmão, por exemplo, que estava na aula de violão.

Com o tempo, identifiquei nove "regras" de gerenciamento de tempo, do ponto de vista de uma mãe, que funcionaram de maneira confiável para mim. E, como você pode imaginar, é possível ajustar cada uma dessas práticas recomendadas para aplicá-las no seu local de trabalho.

Esses são princípios de bom senso que você deve conhecer... e prontamente ignorar. No entanto, quando você os coloca em prática, esses comportamentos simples podem fazer uma enorme diferença em sua capacidade de usar melhor seu tempo e sobreviver ao bombardeio de tarefas que caem no seu colo todos os dias.

REGRA Nº 1
OTIMIZE SUA LISTA DE TAREFAS

Seja no celular, na agenda ou anotando em um guardanapo no café da manhã, ter uma lista de tarefas garante que nada seja esquecido.

Munidas dessa lista, as mães sábias conseguem identificar atividades que podem ser realizadas simultaneamente. Elas planejam o dia ou a semana e cuidam das tarefas com muita eficiência, como um engenheiro de produção nato! Eu, por exemplo, não apenas mantinha uma lista de compras como categorizava os itens com base em sua localização no supermercado para que fazer as compras levasse o menor tempo possível.

Assim como as mães, a maioria dos líderes tem uma lista de tarefas diárias maior do que o número de horas no escritório. Olhe para essa lista e veja como você pode **otimizar seu tempo agrupando tarefas**.

Se você pretende dar uma volta pelo setor de operações da empresa, e também consta na sua lista conversar com um colega sobre algum assunto, que tal ter uma conversa a dois enquanto caminham juntos? Dessa maneira, vocês evitam lotar as caixas de entrada um do outro com vários e-mails, e você ainda usa o tempo na operação marcando presença para a linha de frente enquanto também faz algum exercício!

Da mesma forma, em vez de agendar várias reuniões com vários grupos, que tal agendar uma reunião semanal de portas abertas? Quando eu trabalhava para a organização de varejo da Disney, tínhamos uma reunião de três horas todas as quintas-feiras, das 9 horas ao meio-dia, organizada pelos três vice-presidentes da divisão de mercadorias.

Todas as novas estratégias, linhas de produtos, planos de mudança e outros tópicos relacionados ao varejo eram apresentados, revisados e aprovados durante essas reuniões, com a presença de todos os principais tomadores de decisão. O resultado era uma sessão bem coreografada e altamente produtiva que eliminava a necessidade de várias reuniões menores. Todos sabemos o quanto elas podem tomar tempo!

Comece com o essencial. A ideia é otimizar seu tempo agrupando itens de sua lista de tarefas que podem ser executados em conjunto sem comprometer a qualidade ou os resultados. Esse é um ponto simples, mas subestimado, para maior produtividade.

Seguindo essa regra, você pode se deliciar com a alegria de ver uma lista de tarefas com os itens quase todos cumpridos — tanto que pode adicionar outros itens já concluídos apenas para ter a satisfação de tirá-los da lista também!

REGRA Nº 2
CONTE COM UMA REDE DE APOIO

Por ter tanta coisa para fazer, as mães precisam criar e contar com um sistema de apoio. Então, elas fazem amizades rapidamente e se ajudam mutuamente. Elas compartilham as tarefas que podem confiar a outra pessoa. Levar e buscar crianças na escola e nas atividades escolares é uma delas.

A carona solidária não é apenas um modo de vida como uma habilidade de sobrevivência das mães. Toda semana é como uma eterna dança de crianças pulando de um carro para outro, indo de uma casa para outra, uma valsa intensa de mochilas, sacolas de ginástica e lancheiras.

As mães assumem o papel umas das outras e cobrem coletivamente as obrigações básicas da maternidade. Pode não haver cotoveleiras nem capacetes envolvidos, mas, junto, o "Time das Supermães" forma uma linha defensiva contra confusão, esquecimentos e prazos curtos.

Os líderes também não conseguem fazer tudo sozinhos. Em meus primeiros anos atuando na liderança, eu ingenuamente acreditava que os líderes deveriam saber e fazer tudo. Mas, à medida que minhas responsabilidades cresciam, percebi que isso estava longe de ser verdade. Os líderes não podem funcionar com eficiência por muito tempo a menos que deleguem algumas tarefas menos importantes.

Portanto, considere sua lista de tarefas e identifique aquelas que você pode passar para outra pessoa. Da mesma forma, considere quais tarefas podem ser automatizadas.

Todos nós tendemos a nos apegar a algumas atividades porque são gratificantes, porque somos bons nelas ou porque sempre cuidamos delas nós mesmos. Mas, para usar as palavras de uma famosa princesa da Disney, "Let It Go"* e passe para coisas mais produtivas.

Quanto a quaisquer problemas urgentes inesperados, você sempre tem que lidar com eles? Poderia delegar essa responsabilidade a um membro da equipe?

> "É melhor ter quatro moedas de 25 centavos do que cem moedas de 1 centavo. Você está melhor com quatro bons amigos do que com cem conhecidos."
> De Angie para Savannah [Pelham, GA, EUA]

Alguns líderes relutam em entregar as rédeas por causa do ego inflado ou da necessidade de controle. Se isso estiver acontecendo com você, não posso deixar de perguntar: "VOCÊ ESTÁ LOUCO?". Pense em quanto tempo economizaria se pudesse se livrar de algumas dessas distrações sugadoras de tempo. Além disso, é uma oportunidade de ensino perfeita para seus subordinados diretos demonstrarem a capacidade de tomada de decisão e a prontidão para maiores responsabilidades.

REGRA Nº 3
CRIE UM PLANO DE ATAQUE

Quando Jullian estava com seis anos, Margot com três e Tristan com apenas seis semanas, comecei um ritual anual de viajar para a França

---

* É uma referência à música "Let It Go", do filme *Frozen*, que pode ser traduzido livremente como "deixe para lá". [N. E.]

com as crianças enquanto Dan ficava para trabalhar. Eu sabia que viajar sozinha com três filhos pequenos todo verão exigiria uma preparação significativa e uma estratégia bem pensada. Portanto, antes de fazer qualquer outra preparação para a viagem, dedicava um tempo para pensar nos itens essenciais da viagem que nos levariam ao nosso destino.

Reservar um tempo com antecedência para identificar tudo de que precisaríamos e nos preparar para todos os cenários plausíveis garantiu que, ano após ano, chegássemos ao nosso destino relativamente sem estresse. Antes de cada viagem, eu considerava mentalmente cada passo de nossa jornada, para ter certeza de que não esqueceria nada.

Na bagagem de mão, sempre levava lanches para as crianças e alguns brinquedinhos novos para mantê-los entretidos enquanto sobrevoávamos o oceano. Além disso, eu tinha várias chupetas extras para Tristan, só por precaução.

E não posso deixar de mencionar os lenços umedecidos, o item número um na lista de itens essenciais para viagens. Eles são especialmente úteis quando uma criança vira uma bandeja inteira de comida sobre você (refrigerante incluído). Não me pergunte como sei disso.

Também levava medicamentos indispensáveis em nossas malas de mão, bem como uma muda de roupa para cada um, para o caso de ocorrer alguma catástrofe ao longo do caminho. Eu sempre levava um saco de lixo, pois de alguma forma produzíamos uma quantidade insana de lixo durante voos longos. Por fim, sempre tinha alguns trocados em euro para poder pegar um carrinho de bagagem no aeroporto na chegada.

Depois de empacotar tudo o que poderia precisar e mais, eu pensava que provavelmente seria uma boa ideia deixar as crianças supercansadas antes do voo, então íamos ao parquinho. Meu pensamento positivo era que eles estariam dormindo logo depois de termos colocado o cinto de segurança no avião e só acordariam quando chegássemos. Nem sempre funcionava assim, mas eu tinha algumas horas preciosas de paz e sossego.

Na maioria das vezes, chegávamos a Paris sem problemas, embora eu sinta que ainda devo um pedido de desculpas extra a alguns passageiros pelo barulho que fizemos e pelos chutes aleatórios nas costas de seus assentos. (Quanto ao empresário mal-humorado que viajou pela Swiss Air de Genebra para Nova York em 20 de julho de 2003, você sabe que sinto muito por você!)

A experiência me ensinou que, em vez de correr para arrumar as malas, vale a pena fazer uma pausa e considerar a melhor forma de se preparar. Isso me permitia organizar nossas malas com eficiência — eu sabia exatamente onde, digamos, tinha guardado as chupetas sobressalentes — e garantia que tivéssemos tudo de que precisávamos à mão. O melhor de tudo é que me ajudava a manter a sanidade.

Como líder, você pode não enfrentar um longo voo com três filhos pequenos, mas enfrenta situações semelhantes que vêm com uma longa lista de tarefas. Pressionado pelo tempo, você tende a mergulhar de cabeça e a trabalhar sem pensar nos itens da lista. Agindo assim, você deixa de enxergar algumas oportunidades de maior eficiência e produtividade. **Você precisa reservar um tempo para a reflexão *antes* de começar o dia**, não importa quão ansioso esteja para fazer as coisas.

Não comece o dia agindo assim. Comece o seu dia planejando. Investir tempo para avaliar as necessidades, os recursos ou os desafios que estão por vir pode mudar o jogo, pois sempre haverá o equivalente empresarial a uma bandeja de comida voadora ou uma chupeta perdida.

Portanto, comece o dia considerando o que precisa ser feito e, em seguida, prepare-se mentalmente para cada etapa. **A preparação adiantada paga dividendos posteriormente.** Você pode identificar novas tarefas que precisam ser adicionadas antes de prosseguir ou pode se lembrar de repassar algumas tarefas incompletas do dia anterior. Ter um plano simples também ajudará a melhorar sua produtividade e a transição de uma tarefa para outra com eficiência.

REGRA Nº 4
RESERVE UM TEMPO PARA ABORDAR METAS DE LONGO PRAZO

No capítulo 6, expliquei a importância de ter uma visão de longo prazo para sua equipe, projeto ou organização e desenvolver uma estratégia. As mães também têm uma visão. Eles veem uma futura carreira para os filhos, feitos impressionantes e uma vida gratificante. Elas costumam pensar nessa visão a ponto de pirarem.

Estou fazendo o melhor que posso? Meus filhos terão uma vida plena e feliz? Eles têm a melhor chance de atingir seu potencial? Que tipo de adulto eles se tornarão? Estou criando eles para terem um estilo de vida saudável? Todas essas perguntas consomem as mães todos os dias.

No entanto, nos negócios, tendemos a nos concentrar em metas de curto prazo. Operamos como ciclistas profissionais: cabeça baixa perto do guidão para evitar resistência, ganhar o máximo de velocidade possível e, com sorte, superar a concorrência e alcançar a linha de chegada (ou a linha de fundo) na frente de todos os outros.

Estar focado na velocidade pode impedir que você veja os buracos, bloqueios de estradas ou atalhos. Manter a cabeça baixa o impede de ver o ambiente em mudança (estou falando de você, Blockbuster) ou de descobrir as oportunidades trazidas pelas novas tecnologias (alguém disse Blackberry?). Como resultado, você pode até subestimar o poder da concorrência (olá, General Motors).

A pressão constante para entregar resultados nos leva a dedicar mais tempo para gerenciar o presente, em vez de olhar para o futuro. Isso nos impede de descobrir maneiras de desafiar o *status quo* e expandir nossos negócios.

É aí que as grandes habilidades de gerenciamento de tempo são úteis: agende janelas de tempo para se dedicar a pensar no futuro e em como se preparar melhor para ele. Caso contrário, posso garantir que algo urgente aparecerá em sua agenda.

Ao reservar um tempo para se preparar para metas de longo prazo e pensar profundamente a respeito, você pode cuidar de questões importantes antes que se tornem urgentes.

REGRA Nº 5
RESERVE UM "TEMPO PARA VOCÊ"

Você está se sentindo cansado, sobrecarregado, exausto e ainda lidando com a insônia? Você pode estar sofrendo de uma condição chamada *parentalidade*.

A parentalidade chega com migalhas de tempo para comer, dormir e relaxar. Assim, as mães sabem que devem alocar tempo para recarregar as baterias, ganhar perspectiva e pensar. Se não incluírem isso na agenda, elas efetivamente abdicarão de seu bem-estar para cuidar dos filhos. Um dia isso as alcança e, em seguida, todo o restante se desfaz.

Portanto, as mães tentam seguir o discurso de segurança das companhias aéreas de "colocar primeiro a sua máscara de oxigênio antes de ajudar os outros". E, sim, talvez uma leva de roupa não seja lavada naquele dia, mas ninguém jamais morreu por usar meias fedorentas.

Quando as mães não programam um tempo de descanso para si mesmas, elas ficam mal-humoradas, exaustas e até doentes. E, quando a mãe sucumbe, a logística da família desmorona. Que bem isso traz?

Os líderes não estão imunes a uma agenda lotada. Por quanto tempo você acha que pode continuar operando a todo vapor e entregar resultados de sucesso? Seja na sua vida profissional ou pessoal, meu palpite é que não será por tanto tempo quanto você imagina. Um dia você atingirá seu limite e ficará exausto demais para pensar direito e ocupado demais para se preocupar com sua saúde. Você vai ter *burnout*.

"Não fique doente... isso é chato!"
De Judy para Sue [Cidade do Cabo, África do Sul]

Hoje em dia, o esgotamento está na boca de todos e no radar de todas as organizações. Durante anos, isso afetou grande parte da força de trabalho e a nossa produtividade coletiva.

Não importa o seu nível de responsabilidade, **sirva-se de uma xícara de indulgência e seja bom consigo mesmo**. Reconheça que você não pode ser um líder eficaz se estiver exausto, doente ou incapaz de agir. Programe regularmente algum tempo para se reorganizar e redefinir. Invista em seu bem-estar físico e mental para estar pronto para enfrentar os desafios de sua equipe, colaboradores e organização como um todo. Reserve esse tempo em sua agenda e comprometa-se com isso. Esse é um tempo valioso gasto com você.

Se você acha que o autocuidado soa egoísta ou preguiçoso, está muito enganado. Não confunda movimento com realização. Simplesmente aparecer no trabalho não o torna um líder excepcional, uma pessoa produtiva ou confiável. Resultados de qualidade, sim.

Mais uma coisa. Planejar algum tempo de inatividade em sua agenda oferece um pouco de espaço de manobra para quando algo urgente aparecer. No entanto, esteja atento para proteger essa preciosa e necessária janela de tempo, como se sua carreira dependesse dela... porque realmente depende.

REGRA Nº 6
DIVIDA E CONQUISTE

Dividir e conquistar é especialmente útil quando se trata de tarefas intimidadoras. O processo de inscrição na faculdade é um deles. (E, a propósito, você pisca e seus queridos filhos estão indo para a faculdade!) Cuidar de toda a papelada é um grande esforço, por isso requer um processo.

> **"Ninguém mais é responsável por sua felicidade, ou sua saúde, além de você."**
> De Sunshine para Priscila [Chevy Chase, MD, EUA]

O que nos salvou? Dividir essa tarefa monumental em tarefas menores durante um longo período e criar uma linha do tempo com pontos de verificação. Quando necessário, avaliávamos e ajustávamos conforme o projeto avançava. Tudo isso contribuiu para amenizar a temida sensação que acompanha as atribuições de longo prazo.

Então decidimos que, em vez de importunar nossos filhos diariamente sobre suas inscrições, íamos nos sentar todas as segundas-feiras à noite e revisar o progresso feito. Em qualquer outro momento, o assunto não seria discutido.

Foi assim que aconteceu: à medida que cada um de nossos filhos passava pelo processo de inscrição, o que estava no último ano do ensino médio criava um documento compartilhado do Google com a lista de todas as universidades sendo consideradas, incluindo a localização, os documentos da matrícula e o custo da mensalidade. Identificávamos em conjunto alguns critérios adicionais que influenciariam a seleção final.

Depois que as universidades eram identificadas, dividíamos as tarefas e atribuíamos datas-limite para cada uma. Então, durante nosso ritual de segunda-feira, revisávamos o progresso feito e amarrávamos algumas pontas soltas. Essas reuniões semanais garantiam que pudéssemos fornecer informações e abordar proativamente possíveis problemas, ao mesmo tempo que nos davam a oportunidade de avaliar como as inscrições estavam avançando.

Essas são táticas úteis tanto para se inscrever em universidades quanto para desenvolver eficazmente um grande projeto no trabalho. A chave é **converter uma grande tarefa em pequenas atribuições gerenciáveis e criar pontos de verificação** ao longo do caminho.

Ao manter a comunicação fluindo entre os indivíduos envolvidos, você dá a todos a oportunidade de ver como o projeto está se desenvolvendo. Como resultado, é menos provável que eles levantem uma grande preocupação ou façam uma pergunta surpresa quando você atingir o prazo.

REGRA Nº 7
PERMANEÇA NA TAREFA

Cuidado para não cair na ilusão de ter as coisas como certas. Quando você é mãe, há inúmeras exigências e perguntas vindo em sua direção. Eu chamo isso de *efeito esquilo*. Você está correndo de uma tarefa para outra, mudando de direção (esquilo!), depois correndo para a próxima tarefa (esquilo!) antes de terminar a anterior. Ser uma pessoa multitarefa geralmente resulta em erros, detalhes omitidos ou resultados de baixa qualidade.

As mães aprendem rapidamente a melhorar a eficácia isolando-se e criando um tempo e um espaço de trabalho exclusivos — mesmo que isso signifique se trancar no banheiro. Durante esse tempo, não há mais interrupções ou distrações (não há mais esquilos) e elas podem se concentrar na tarefa que têm em mãos.

Como líder, você sabe muito bem que as distrações podem causar estragos em sua produtividade diária. Você é seu pior inimigo. Algo chama sua atenção (esquilo!) e, antes que você perceba, está verificando alguns e-mails que acabaram de chegar e sai da rota. Vinte minutos voam antes de você retomar o que estava fazendo inicialmente.

Ao seguir o manual de uma mãe, comprometa-se a se concentrar na tarefa em questão. Feche a janela do e-mail e desative todas as notificações.

Você provavelmente pode sobreviver algumas horas sem saber o placar final daquele jogo ou os comentários em sua última postagem no Instagram.

Recomendo que desative as notificações *push* ao baixar novos aplicativos ou usar a funcionalidade de foco do computador, que permite desativar todas as distrações pressionando um botão. E, quando precisar resolver tarefas que exijam pensamento profundo, isole-se e coloque o celular no modo avião.

Dedique tempo para ler e responder a e-mails, talvez uma hora pela manhã, meia hora antes do almoço e no final do dia de trabalho. E opte por conversas pessoais sempre que possível, para não ter que lidar com e-mails cheios de respostas dentro de respostas.

REGRA Nº 8
VENÇA A PROCRASTINAÇÃO

Na hora de fazer o dever de casa, as crianças tendem a sumir no banheiro, nos armários ou na geladeira. De repente, há uma enxurrada de mensagens urgentes de amigos ou notificações no celular que precisam ser lidas imediatamente, tudo em uma tentativa desesperada de adiar o inevitável. Portanto, a maioria das mães sabe dar aos filhos uma breve pausa para se reorganizar e cuidar de suas necessidades vitais — comida, bebida e idas ao banheiro — e depois desligar os aparelhos eletrônicos antes de começar a lição de casa.

Infelizmente, os adultos dificilmente se saem melhor do que as crianças. Nós nunca realmente superamos a procrastinação. Podemos encher a garrafa de água ou ficar na copiadora, pegar outra xícara de café na cafeteira ou passar no escritório de alguém para trocar gentilezas. Como resultado, colocamos pressão desnecessária sobre nós mesmos à medida que o prazo se aproxima. No final, somos forçados a fazer uma corrida louca para a linha de chegada, o que nos deixa exaustos, cansados e feridos.

Isso é particularmente verdadeiro quando enfrentamos uma tarefa intimidadora. Se houver uma tarefa à espreita que particularmente tememos, *encontraremos* outras tarefas em nossa lista que, de repente, parecem mais importantes. É incrível como expandimos essa lista apenas para preencher o tempo que deveríamos dedicar para fazer as tarefas de que não gostamos!

A pura força de vontade e a disciplina para começar não são suficientes para vencer a procrastinação. Primeiro, você deve considerar por que está procrastinando. Pergunte a si mesmo: *Estou com medo ou mal preparado para fazer a tarefa? Tenho medo do fracasso?*

Reconhecer que você pode não ter todas as habilidades ou recursos necessários lhe permite diminuir a expectativa de acertar e tira a pressão de seus ombros. Isso também informa o que você precisa para começar, dando-lhe efetivamente o seu primeiro curso de ação.

Em seguida, você pode ir para as regras nº 3 e nº 6 — criar um plano de ataque e dividir grandes tarefas. Isso aliviará parte da angústia e evitará a sensação de estar sobrecarregado.

Também descobri que, quando admitia abertamente para meus colegas e parceiros que estava com dificuldade para iniciar uma tarefa específica, eles me davam apoio e encorajamento. Essa foi a faísca de que eu precisava para começar a trabalhar.

Um último conselho que me serviu bem: ao lutar para manter o foco e progredir, eu usava um cronômetro para fazer pequenas pausas e depois voltava direto para a tarefa, sabendo que logo haveria outra pausa. Se ainda não o fez, experimente a técnica Pomodoro: blocos de trabalho de 25 minutos separados por intervalos de cinco minutos. Isso me livrou de problemas muitas vezes!

E, via de regra, sempre **comece o dia abordando as tarefas de que menos gosta**. Quando você completa essas tarefas mais cedo, pode passar o dia mais tranquilo.

Pense desta forma: o único momento aceitável para procrastinar é quando você adia a procrastinação!

REGRA Nº 9
CONCENTRE-SE NO QUE É IMPORTANTE

Lembro-me vividamente do primeiro dia em que meus filhos entraram no carro e colocaram o cinto sozinhos. Comemorei esse grande avanço e saltitei feliz em minha cabeça. Mas, enquanto comemorava essa grande melhoria em nossa logística, pude sentir o pavor dos anos voando — um momento agridoce.

"Você vai ver, o tempo passa mais rápido conforme você envelhece."
De Veronique para Agnès [Rio de Janeiro, Brasil]

Quando se der conta, as crianças que antes precisavam de fraldas limpas vão ser adultos precisando das chaves do carro. E, embora estejamos orgulhosos do progresso que eles fazem e aplaudamos cada marco, não podemos deixar de nos sentir melancólicos.

Assim, as mães procuram aproveitar ao máximo cada momento, sabendo que o tempo que lhes é dado para transmitir valores familiares e construir memórias familiares duradouras é passageiro. Ainda não ouvi uma mãe dizer: "Passei tempo demais com meus filhos!". De alguma forma, todas as mães passam da fase da infância dos filhos com a sensação de terem sido enganadas.

Por isso, como mãe, sempre priorizei o tempo em família. Mas, com nossas agendas lotadas, isso era algo raro, então tentávamos fazer valer a pena. Para garantir que tivéssemos a oportunidade de interagir pelo menos uma vez por dia, eu pedia a toda a família que se sentasse ao redor da mesa de jantar e que guardássemos os aparelhos eletrônicos no bolso durante a refeição. E, sempre que possível, jogávamos jogos de tabuleiro depois do jantar. Tivemos batalhas animadas sobre Vira Letras, Detetive ou Jogo da Mímica — e eu sempre esperava ansiosa por esses momentos.

Apesar do planejamento meticuloso das refeições e das boas intenções, posso ter servido o café da manhã no jantar algumas vezes. Mas, na realidade, o que estava em nossos pratos realmente não importava. O que importava é que gastávamos tempo com o que era importante — nos divertindo e interagindo em família.

O tempo que passávamos conversando, rindo e simplesmente criando memórias para todos nós era o momento mais importante do dia. As crianças crescem rápido, e o tempo é precioso demais para ser desperdiçado. Como meu sogro sempre diz: "Tempo é a única coisa que você nunca pode recuperar!".

Seguindo o exemplo das mães, você pode olhar para sua lista de tarefas e avaliar quais realmente agregam valor e o que é mais importante para atingir seus objetivos de longo prazo. Categorize cada item e coloque no final aqueles que têm pouco ou nenhum valor. Isso tornará mais fácil para você priorizar e gerenciar bem seu tempo. Sua longa lista pode ser diminuída para alguns itens.

Somos pessoas de hábitos e nos acomodamos em nossa rotina porque ela é segura e confortável. No entanto, às vezes não percebemos que estamos perdendo tempo e não avançando em direção aos nossos objetivos de longo prazo.

Você pode deixar a vida se desenrolar e esperar pelo melhor, e chegar aos sessenta anos com muitos arrependimentos. Mas, quando você administra bem seu tempo, assume o controle da sua vida. E, como líder, essa deve ser sua prioridade número um se espera sobreviver à enxurrada de problemas que surgirem em seu caminho.

CAPÍTULO QUINZE

ONDE HÁ VONTADE, HÁ UM CAMINHO

Toda mãe sabe que deve verificar as mochilas dos filhos de vez em quando para remover restos de comida, lixo e notificações ocasionais importantes que deveriam ter sido entregues aos pais meses atrás. Foi assim que encontrei um estoque de trinta adaptadores de lápis na mochila de Jullian.

Eu não teria parado para pensar nisso se não fosse pelo fato de que, na semana anterior, Jullian havia me pedido algum dinheiro para comprar alguns adaptadores de lápis. Por alguma razão, essa era a moda do momento, e toda criança ansiava por sua própria variedade de adaptadores.

Esses objetos vêm em uma variedade de cores e formas. Alguns tinham até *glitter*. As crianças põem esses itens no lápis para personalizá-los e, ouso dizer, fazer uma declaração sobre sua marca pessoal. Mesmo que custem menos de um dólar, considerei a despesa frívola e me recusei a dar dinheiro a Jullian, um menino de oito anos, para que, hum, estabelecesse sua marca pessoal.

Então, como ele podia ter tantos adaptadores? Aparentemente, eu subestimei totalmente quão engenhoso meu filho poderia ser quando realmente tinha algo em mente. Veja como ele provou ser um empreendedor iniciante.

Jullian tinha uma melhor amiga de classe chamada Lauren. A amizade deles era incomum porque, nessa idade, os meninos geralmente pensam que as meninas têm piolhos, e as meninas acham os meninos nojentos. Como resultado, eles tendem a ser amigos apenas de crianças de seu próprio gênero. Mas sempre encorajamos Jullian a se concentrar nas qualidades e valores de outras crianças ao selecionar amigos — e não em sua formação cultural, origem ou raça, e certamente não em seu gênero.

Como resultado, Jullian e Lauren descobriram que tinham muito em comum. Ambos gostavam de Harry Potter, eram leitores ávidos, compartilhavam o mesmo senso de humor e simplesmente gostavam da companhia um do outro. Até hoje, lembro-me da mãe de Lauren, Kim, me ligando para perguntar se Jullian gostaria de comparecer à festa de aniversário da menina na Universal Studios. Quando aceitei prontamente, ela me disse que havia uma ressalva — ele seria o único convidado.

Eu não tive nenhum problema com isso, então os dois, acompanhados pelos pais de Lauren, se divertiram muito na Universal naquele fim de semana. Apoiamos e incentivamos a amizade de Jullian e Lauren. Eles eram a exceção à regra dos alunos da segunda série em relação à amizade que ia além do gênero.

Como todas as outras crianças de sua série, Jullian e Lauren estavam loucos para conseguir seus adaptadores personalizados. (Afinal, eu não era a única mãe que não estava disposta a financiar a última moda.) Então, os dois elaboraram um plano que envolvia extorsão. Assim como mafiosos, que cometem um crime contra pequenas empresas e depois oferecem sua "proteção" contra problemas futuros, Jullian e Lauren criaram uma demanda e, então, prestaram o serviço.

Como seus colegas de classe estavam se socializando de acordo com o gênero — os meninos de um lado do parquinho e as meninas de outro —, Jullian disse aos meninos que (mentira) tinha ouvido as meninas fofocando sobre eles e tinha certeza de que as meninas estavam interessadas em se envolver mais com os meninos.

Enquanto isso, Lauren fez o mesmo no seu lado do parquinho. De repente, todos estavam interessados em saber o que o lado oposto ti-

> **"As circunstâncias alteram os fatos."**
> De Olivia para Susan
> [McGregor, TX, EUA]

nha a dizer, mas poucos eram corajosos o suficiente para cruzar o limiar. Então, Jullian e Lauren gentilmente se ofereceram para atuar como mensageiros e passar mensagens de um lado para o outro. Eles fariam esse favor pelo preço acessível de um adaptador por mensagem.

Voilà! Seus negócios floresceram.

Assim que descobri a artimanha e ouvi Jullian explicar seu plano inovador, metade de mim ficou alarmada enquanto a outra metade sorriu com orgulho. Eu queria saber como eles tiveram a ideia.

Jullian explicou que os dois realmente queriam adaptadores — em outras palavras, eles eram motivados por um objetivo comum. Uma vez que nenhum dos dois tinha dinheiro para adquirir os bens cobiçados, concordaram que precisavam encorajar meninos e meninas a se comunicarem para que pudessem se oferecer para atuar como emissários entre os dois grupos.

Esse canal de comunicação oferecia a saída perfeita, embora mediante um preço.

Eu não tinha certeza se esse negócio paralelo deles poderia ser um problema para a escola. Decidi que, em vez de fechar o empreendimento que se desenvolvia, eu não interferiria. No entanto, estabeleci algumas regras de engajamento. Não haveria dinheiro envolvido. Se a escola expressasse uma preocupação, eles deveriam estar preparados para encerrar todas as operações imediatamente. Por fim, eles precisavam me atualizar periodicamente para que eu pudesse monitorar suas atividades a distância.

Foi assim que soube que os dois haviam expandido seus negócios. Eles cobravam um adaptador para entregar uma mensagem e dois se uma resposta fosse trazida de volta.

Os negócios de Jullian e Lauren ficaram mais complexos quando eles também começaram a entregar mensagens entre as outras séries do ensino fundamental. Desnecessário dizer que eles se ocupavam correndo pelo pátio no recreio, e seu estoque cresceu rapidamente.

No final, eles foram além do ponto de se preocupar com os adaptadores. Eles simplesmente gostavam muito de administrar os

---

"Certifique-se sempre de não depender de ninguém para se sustentar."
De Khadija para Mona
[Rabat, Marrocos]

negócios. Uma vez que a moda dos adaptadores de lápis fracassou, o mesmo aconteceu com seus negócios. Mas, a essa altura, os meninos e meninas finalmente se tornaram ousados o suficiente para se comunicarem cara a cara.

Dizem que a necessidade é a mãe da invenção, e o empreendimento de Jullian e Lauren certamente embasa essa afirmação.

No fim das contas, ter dado a eles a liberdade de seguir sua iniciativa — embora com algum nível de responsabilidade — deu a Jullian e Lauren a confiança adicional para levar seu projeto até o fim e expandir a ideia inicial.

No final, sua empresa lhes ensinou que, onde há vontade, há um caminho. Armado com resiliência e perseverança, uma mente aberta, pensamento criativo e a vontade de combinar ideias com indivíduos que têm uma perspectiva diferente (veja mais sobre isso no capítulo 19), qualquer um pode sacudir o sistema e encontrar soluções.

> **"Os cachorros podem latir, mas a caravana segue em frente."**
> De Maria Manuela
> para Carlota
> [Lisboa, Portugal]

Muitas vezes tudo o que você precisa é uma nova maneira de ver as coisas e a liberdade de experimentar novas opções.

—

Quando você lidera uma organização, nada é fácil. Surgirão obstáculos, e sua principal responsabilidade como líder é removê-los.

Diante de problemas ou desafios, envolva a equipe na solução de problemas. Se você confiar neles e eles souberem que você os protege, os membros de sua equipe prontamente assumirão o controle quando forem apresentados a um desafio. Quando você apela para a engenhosidade das pessoas, isso libera uma criatividade ilimitada.

Veja o que as crianças inventam. Elas permitem que sua imaginação conduza seu processo de pensamento sem inibições. Não se restringem a ideias ou noções preconcebidas. Você pode canalizar esse espírito positivo quando adulto? Todos nós deveríamos. No entanto, quando crescemos, muitas vezes somos ensinados a operar dentro de certos parâmetros, a seguir um processo predeterminado, a nos comportar de acordo com regras específicas de engajamento. Isso acaba sendo um hábito difícil de quebrar.

O mesmo acontece no trabalho. Encontramos conforto na rotina e mantemos nossa maneira habitual de fazer as coisas. Isso inibe nossa capacidade de pensar fora da caixa. Seu papel como líder é ultrapassar os limites... ou, melhor ainda, livrar-se dessa caixa completamente. Você pode continuar a facilitar o processo com as seguintes práticas recomendadas.

DÊ LICENÇA CRIATIVA À SUA EQUIPE

Incentive sua equipe a buscar soluções criativas e tentar coisas novas. Facilite o processo alocando tempo para experimentar e expandir as ideias. **Torne o ambiente seguro para expressar ideias**, não importa quão pouco convencionais ou aparentemente ultrajantes elas soem.

Se um líder for rápido em descartar sugestões ou ignorá-las completamente, ninguém voltará à mesa com ideias. Portanto, esteja atento a como você reage quando alguém traz uma sugestão — certamente me abstive de qualquer comentário inicial quando Jullian explicou seu pequeno empreendimento escolar. Respire fundo e conte até dez antes de abrir a boca. Em seguida, faça perguntas abertas, do tipo: "Como funciona?... Como você chegou a essa solução?... O que inspirou essa ideia?".

Melhor ainda, simplesmente diga: "Fale mais...".

COLOQUE AS CABEÇAS PARA TRABALHAREM JUNTAS

Ken Blanchard disse a famosa frase: "Nenhum de nós é tão inteligente quanto todos nós juntos". A maioria das ideias surge na encruzilhada de uma variedade de perspectivas, habilidades e origens. Inclua qualquer pessoa que demonstre interesse, independentemente de seu título, função ou nível de responsabilidade. Envolva pessoas de diferentes departamentos ou áreas.

Ninguém tem o monopólio do pensamento criativo e ninguém o terá tão cedo. A resposta para um problema geralmente vem de lugares inesperados, fontes improváveis e indivíduos despretensiosos.

Realize sessões regulares de _brainstorming_ e resolução de problemas para avaliar a maneira como você faz as coisas. Isso pode gerar algumas ideias preciosas, sem mencionar o fato de que mostra que você valoriza a contribuição de sua equipe. Não os obrigue a pensar pequeno. Deixe as ideias crescerem. Algumas podem parecer impraticáveis à primeira vista, mas podem desencadear a próxima ideia e a próxima, levando à solução que você está procurando.

Não tenha pressa para julgar ou deixar de lado quaisquer sugestões. Haverá tempo mais tarde para descer à terra e pensar de forma realista. Mas, para começar, o céu é o limite!

NÃO PROCURE UMA SOLUÇÃO. PROCURE A _MELHOR_ SOLUÇÃO

Não se contente com a solução fácil. Na maioria das vezes, a primeira tendência será procurar mais recursos. Precisamos de mais dinheiro, mais pessoas, mais suprimentos, mais espaço, mais tempo... É fácil ceder e consertar o que se apresentar dessa maneira. Há apenas um pequeno problema: você pode não ter esses recursos disponíveis ou pode optar por usá-los de outras maneiras, assim como eu fiz ao me recusar a pagar pelos adaptadores de lápis de Jullian.

Pressionados pelo tempo, também tendemos a nos contentar com soluções paliativas para cuidar dos sintomas, em vez de procurar a raiz de um problema.

Isso pode afetar negativamente sua operação, seus clientes e seus funcionários — tanto a montante quanto a jusante. Se você não lidar com a raiz de um problema, ele pode se transformar em um problema diferente em algum momento. Portanto, certifique-se de pensar em todas as implicações da solução ou da ideia criativa que você está prestes a apresentar. Deixe todos os participantes avaliarem e considerarem como serão afetados.

Ao não se contentar com a solução fácil ou temporária, você pressiona sua equipe a considerar todas as alternativas viáveis.

TOME UM POUCO DE AR FRESCO

Já ouviu alguém dizer que teve suas melhores ideias enquanto estava sentado à mesa do escritório sozinho? Provavelmente não. As ideias surgem em lugares inesperados — ao ar livre, na praia, no chuveiro...

As mães sabem que as crianças são mais criativas quando brincam ao ar livre porque deixam sua imaginação correr solta, livres de brincadeiras estruturadas ou monitores. A Mãe Natureza faz maravilhas pela imaginação, quer você tenha cinco ou 55 anos. Dan e eu pensamos ao máximo enquanto passeamos com nosso cachorro e exploramos as trilhas do Colorado. Então, diga à sua equipe para *fazer uma caminhada*!

SAIBA QUE O FRACASSO É UMA OPÇÃO

O autor francês André Gide disse certa vez: "O homem não pode descobrir novos oceanos a menos que tenha a coragem de perder de vista a costa". Em outras palavras, não há recompensas sem riscos. E correr riscos pode fazer você se perder ou, pior ainda, levá-lo ao fracasso.

É aí que a maioria dos líderes ou das organizações traça um limite. Tempo é dinheiro, dizemos. Portanto, não perseguimos oportunidades, especialmente quando o resultado positivo parece distante e embaçado. Mas o *fracasso é bom*.

Ele permite que você aprenda coisas que pode construir para o próximo experimento. Ele testa sua resiliência e o leva a expandir os limites do processo criativo. Às vezes, até leva a um resultado inesperado. John Pemberton estava procurando a cura para dores de cabeça quando uma de suas tentativas fracassadas se tornou a Coca-Cola!

Portanto, seja você ou alguém da equipe que tenha falhado, dê um passo para trás. Procure aquilo que você pode aprender.

> **"Faça o seu melhor e depois perdoe a si mesmo."**
> De Cherry para Kate
> [Santa Fé, NM, EUA]

Quando se trata de superar desafios e encontrar soluções criativas, há apenas um caminho a percorrer. Nas palavras de Samuel Beckett: "Já tentou. Já falhou. Não importa. Tente novamente. Falhe novamente. Fracasse melhor".*

COMECE PEQUENO E TRABALHE DO SEU JEITO

Impulsionado por sua ânsia de resolver problemas, você pode se deixar levar pela perspectiva de implementar uma nova ideia e possivelmente gerar mais receita ou resolver um problema incômodo. Ao fazer isso, você pode ficar tentado a assumir mais do que você e sua equipe podem suportar.

Comece com as menores etapas executáveis e cresça a partir daí. Jullian e Lauren começaram com um serviço de mensagens simples e depois expandiram para a comunicação bidirecional. Eles inicialmente concentraram o alvo em uma pequena clientela — entregando mensagens para sua turma durante o recreio — e depois ampliaram seu escopo para equipes atléticas e alunos de outros níveis, até mesmo entregas antes e depois da escola.

Uma abordagem conservadora atenua os riscos em caso de falha e oferece a você a oportunidade de corrigir problemas se encontrar um obstáculo.

Seja disciplinado. Planeje uma abordagem conservadora. Ajuste a cada passo e refine à medida que avança no processo de implementação. Aumente quando estiver confortável e confiante com seu novo projeto ou iniciativa.

---

* Trecho retirado de *Worstward Ho*, um dos últimos textos escritos por Samuel Beckett, em 1983. "*Ever tried. Ever failed. No matter. Try again. Fail again. Fail better.*" [N.E.]

CELEBRE O PROCESSO CRIATIVO

A criatividade é a inteligência se divertindo. Então se divirta! Aproveite o processo de resolução de problemas. Torne-o dinâmico e divertido.

As pessoas acreditam em suas ideias, então dê a elas a chance de defendê-las de forma casual e sem riscos. Às vezes, os funcionários mantêm suas ideias em segredo até uma grande revelação, porque têm medo de que outra pessoa leve o crédito por isso. Mas eles também podem se abster de compartilhar uma ideia porque a consideram indigna.

Se você criar um ambiente divertido, as pessoas tendem a ser menos cautelosas e deixar de lado sua reticência inicial. Mesmo quando suas sugestões ou ideias falham ou você não as implementa, comemore-as! Essa é a maneira mais segura de manter as ideias chegando.

—

Incentivar a solução de problemas por meio do pensamento criativo beneficia a equipe ou a organização de várias maneiras. Promove a colaboração, aumenta o envolvimento dos funcionários, resolve problemas e promove um ambiente de confiança onde os funcionários se sentem valorizados.

Líderes que investem em pensamento criativo atraem talentos excepcionais — homens e mulheres que procuram desafios interessantes e organizações com visão de futuro que não se conformam com o *status quo*. Quando você busca o pensamento criativo, isso não apenas traz recompensas na forma de soluções inovadoras, mas também coloca sua equipe no caminho da colaboração construtiva.

CAPÍTULO DEZESSEIS

SE DÊ BEM COM TODOS

Sobreviver às festas de fim de ano é uma façanha, principalmente para as mães. A partir de meados de novembro, ela são consumidas por uma lista de tarefas aparentemente interminável, como planejar cardápios, enviar cartões de Natal, comprar e embrulhar presentes, enviar convites para festas de fim de ano e decorar a casa, entre outras coisas.

Como se a enxurrada de atividades não bastasse, os norte-americanos comemoram o Dia de Ação de Graças menos de um mês antes do Natal! Quando me mudei para os Estados Unidos, aprendi todas as tradições desse feriado e acabei me tornando a anfitriã designada para o Dia de Ação de Graças.

Na primeira vez que a família de Dan veio para o Dia de Ação de Graças, optei por não fazer peru e servi cuscuz marroquino. *Quelle horreur!*

Embora todos escondessem sua decepção por não ver um peru e todos os acompanhamentos regulares na mesa de jantar, devoraram graciosamente o cuscuz. Tínhamos evitado um incidente diplomático, mas minha gafe culinária mais tarde se tornou fonte de muitas piadas familiares.

No ano seguinte, aprendi a rechear, regar e assar um peru. Também aprendi a preparar todos os acompanhamentos tradicionais. Falo sério, não havia cuscuz à vista! E, depois do que pareceu uma maratona culinária, a comida desapareceu em um piscar de olhos. Todos foram para casa saciados e com cerca de três quilos a mais.

Depois de alguns anos de performance solo como anfitriã, me dei conta de que o Dia de Ação de Graças era para aproximar as pessoas. Que melhor maneira de fazer isso do que reunir todos *na cozinha*? Então, recrutei a ajuda de Dan e das crianças — e não apenas como subchefes ou equipe de limpeza. Não! Eu queria que todos assumissem total responsabilidade por um prato e planejassem, preparassem e cozinhassem sozinhos. Por que não?

As crianças geralmente demonstram grande interesse em ajudar, mas tendemos a relegá-las a tarefas menores por medo de que sua falta de competência possa criar mais trabalho para nós. Isso corrói sua autoestima e envia a mensagem de que elas não podem ser boas o suficiente para cuidar de tarefas maiores.

Eu estava determinada a impedir que isso acontecesse no Dia de Ação de Graças. Sempre dei tarefas aos meus filhos, seja cuidar da roupa ou limpar a casa. Certamente eles poderiam ajudar com o jantar de Ação de Graças. Então, eu estabeleci as regras. Qualquer que fosse o prato escolhido, eles eram responsáveis por cada etapa do processo, inclusive ajudando na limpeza. Eu disse a eles que precisavam encontrar uma receita, me fornecer a lista de compras e estar prontos para a execução no dia D. Com isso, o Dia de Ação de Graças se transformou em um esporte de equipe.

Jullian (na época com treze anos) se ofereceu para fazer couve-de--bruxelas, Margot (dez anos) sugeriu purê de batata, e Tristan (sete anos) se ofereceu para fazer uma salada festiva. Dan concordou em cuidar das sobremesas. Eu ainda era a mandachuva encarregada do peru e do recheio, mas fiquei muito grata pelos reforços.

No Dia de Ação de Graças, a cozinha fervilhava de atividade enquanto disputávamos espaço na mesa e horários do forno. Logo ficou claro que, sem um acordo sobre como proceder e a colaboração geral, não havia como preparar o jantar até as cinco horas, quando o restante da família chegaria.

Traçamos um plano, dividindo estrategicamente o tempo de forno. Isso determinaria as outras etapas da logística. Embora todas as crianças tivessem começado o dia concentrando-se apenas em seu próprio prato, em pouco tempo elas estavam oferecendo ajuda e conselhos umas às outras.

Margot se ofereceu para cortar alguns dos ingredientes da salada para o irmão mais novo e sugeriu alguns ajustes em sua receita. Jullian monitorou o forno para garantir que não cozinhássemos nada além do tempo e ajudou a regar o peru. Tristan provou pratos para compartilhar sua opinião sobre temperos e ajudou a amassar as batatas.

Todos ajudaram a montar e decorar a mesa. Depois todos cuidamos da limpeza da cozinha, que parecia um campo de batalha. Muitas mãos tornam o trabalho leve, então conseguimos lavar as pilhas de louça suja e limpar os balcões antes de os convidados chegarem.

Quando todos nos sentamos ao redor da mesa, pude perceber como as crianças estavam orgulhosas de seu trabalho e do que havíamos realizado *juntos*. As crianças não apenas cumpriram suas atribuições pessoais, mas, também, cuidaram umas das outras, colaboraram espontaneamente em algumas tarefas, aprenderam com os irmãos e, no processo, desenvolveram apreciação pelo que poderiam realizar juntos.

Naquele dia, fiquei especialmente grata por nossa família de cinco pessoas. A colaboração na hospedagem do Dia de Ação de Graças proporcionou um resultado ainda melhor e uma experiência mais agradável para todos os envolvidos.

As crianças elogiavam os pratos umas das outras e sorriam de orgulho quando o restante da família também as elogiava. Isso se tornou uma tradição anual, e as receitas se tornaram as favoritas da família. Como mãe, também encontrei mais uma coisa pela qual agradecer. Meus filhos tinham acabado de aprender a importante lição de que o **sucesso, assim como as refeições, é mais gratificante quando compartilhado com alguém.**

—

Sem culpa, os jovens profissionais muitas vezes entram no local de trabalho sem uma compreensão clara dos mecanismos de colaboração efetiva. O sistema escolar frequentemente promove a competição e coloca os alunos uns contra os outros, em vez de incentivá-los a colaborar. No entanto, existem algumas regras óbvias de engajamento que podem tornar o trabalho em conjunto algo natural.

SAIBA COMO OS OUTROS PODEM CONTRIBUIR

Como mãe, eu conhecia as habilidades de meus filhos e podia garantir que eles realizassem tarefas que correspondessem à sua competência. Eu já disse isso e vou repetir: os relacionamentos são o coração do seu negócio. Quando você conhece os outros, entende o que eles podem oferecer. E, com esse conhecimento, pode alavancar suas habilidades para alcançar objetivos comuns.

Grandes líderes agendam eventos sociais em que os membros da equipe podem discutir suas áreas de especialização. Eles incentivam o acompanhamento multifuncional do trabalho e designam mentores e parceiros de forma rotativa. **Tudo isso promove a aprendizagem entre pares.**

Quando Margot estava cortando ingredientes para a salada de Tristan, ela mostrou a ele algumas habilidades básicas de manuseio de facas que, tenho certeza, foram mais bem recebidas do que se eu mesma tivesse tentado ensiná-lo. No local de trabalho, quando os membros da equipe estão aprendendo e praticando novas habilidades com os colegas, eles podem fazê-lo sem medo de serem avaliados por seu líder.

Muitas vezes tudo o que é necessário para que a colaboração brote é uma melhor compreensão do papel, das responsabilidades, das habilidades, dos talentos, dos desafios e das obrigações de todos. Isso traz a confiança de que você pode confiar nos outros.

CONCENTRE-SE NOS OBJETIVOS GLOBAIS DA ORGANIZAÇÃO

Ajudar a equipe a ver toda a experiência do cliente ou o produto final pode ajudar todos a sair de seus silos e colaborar com companheiros de outras divisões.

Quando eu estava supervisionando sortimentos de varejo para o Epcot, tínhamos acabado de lançar um conjunto de brinquedos do monotrilho que vendia como água. Como o monotrilho é um dos principais elementos do show do Epcot, a maioria dos visitantes que se aglomeraram em nosso parque esperava colocar as mãos no cobiçado item.

Apenas três dias após sua estreia, fui informada de que o brinquedo estava esgotado no depósito. Como isso aconteceu? Parecia que algum líder não tão bem-intencionado em um de nossos outros parques temáticos havia encomendado todo o estoque disponível para armazená-lo, na esperança de redirecionar a receita para as lojas dele.

O indivíduo não se preocupou em pensar em todos os convidados que ficariam desapontados por não encontrar esse conjunto de brinquedos no Epcot. Ele claramente tinha perdido de vista nossa missão compartilhada de oferecer a melhor experiência possível ao hóspede, sem falar no fato de que, no final, a receita acabaria caindo na mesma conta. Foi preciso uma longa conversa por telefone para que ele entendesse o que é a colaboração básica.

> **"Você se lembrou de ser educada?"**
> De Maria para Adele [Jeffreys Bay, África do Sul]

Certifiquei-me de dividir o estoque restante entre todos os locais apropriados e reportei o comportamento do culpado. Mas a frágil confiança na integridade e honestidade da outra equipe havia desmoronado, e a colaboração estava no nível mais baixo de todos os tempos. Era o momento de reiniciar. Nas semanas que se seguiram, relatei esse incidente à minha equipe e às outras equipes, certificando-me de que eles entendessem que esse comportamento era inaceitável e que todos deveríamos superar esse tipo de mesquinhez.

—

Tenho certeza de que você pode substituir esse exemplo por um de sua preferência. Infelizmente, situações enganosas e desonestas como essa são comuns, especialmente em grandes organizações. Portanto, se você se deparar com algo semelhante, não espere. Lembre todos os envolvidos de seus objetivos compartilhados e explique que esse tipo de comportamento afeta a organização como um todo. Lide com o problema rapidamente, responda de forma decisiva e garanta que isso não aconteça outra vez.

TENHA UM FLUXO DE TRABALHO CLARO

Com cinco pessoas na cozinha no Dia de Ação de Graças, rapidamente percebemos que tínhamos que planejar nossos horários de preparação e cozimento. Um processo bem definido garantiu que todos soubessem quando aparecer e quando os recursos estavam disponíveis, seja para o forno ou para o balcão.

É normal que os membros da equipe trabalhem em um projeto em momentos diferentes, desde que concluam suas tarefas dentro do prazo. Um fluxo de trabalho claro permite que todos os membros da equipe saibam quando ela precisa de sua contribuição. Isso os ajuda a administrar melhor o tempo, e, quando você não precisa da opinião deles, eles podem cuidar de outros assuntos enquanto o projeto avança.

TORNE A COLABORAÇÃO
PARTE DA REVISÃO DA EQUIPE

As mães sabem muito bem que, se você deseja impedir determinado comportamento, você o pune. Se quiser promover outro, você o recompensa. Você busca maior colaboração? Torne-o parte do processo de revisão do funcionário. Exija que sua equipe saia e se envolva com colegas. Avalie e documente como os membros de sua equipe fizeram parcerias com sucesso e com que frequência eles se envolveram. Considere os seguintes critérios de desempenho.

Essa pessoa aceita a opinião dos outros?
Essa pessoa não julga e tem a mente aberta?
Essa pessoa mantém os outros informados?
Essa pessoa apoia os outros e fornece feedback construtivo?

Essa pessoa prioriza os esforços do grupo em direção a um objetivo comum?
Essa pessoa aproveita os talentos e as habilidades dos outros?
Essa pessoa celebra as conquistas dos outros?

Na Disney, os desenvolvedores de produtos do escritório de compras podiam monitorar confortavelmente as vendas de longe, mas descobri que seu sucesso era sempre diretamente proporcional à sua disposição para se envolver com o restante da divisão de mercadorias. Por isso, muitas vezes os encorajei a se juntarem a mim para visitar as lojas.

Nessas apresentações, eles podiam se envolver com a equipe de operações, conhecer uns aos outros pessoalmente, encontrar pontos em comum e compartilhar desafios e perspectivas. No fim do dia, todos estavam prontos para apoiar uns aos outros em direção aos seus objetivos compartilhados.

Eles não apenas se beneficiaram do feedback e das ideias de seus parceiros como também ganharam uma porção generosa de boa vontade.

COMEMORE AS VITÓRIAS

Mensure e celebre os resultados juntos. Em seguida, envie mensagens públicas às equipes que concluíram um projeto com sucesso. **Comemore os desafios que foram superados *por causa* da colaboração.**

Peça às suas equipes que compartilhem os esforços colaborativos — ou se gabem humildemente deles. Não há nada de errado em anunciar as vitórias coletivas da equipe. Você pode até fornecer ferramentas para que os membros da equipe possam praticar o reconhecimento de todas as pessoas. Quando os colegas de trabalho reconhecem as contribuições dos outros, ficam mais inclinados a apoiar uns aos outros no futuro. Funcionou com meus filhos e funciona muito bem com profissionais.

Dê o exemplo compartilhando os holofotes com parceiros merecedores. É essencial que os líderes mostrem que o sucesso dos outros é tão importante para eles quanto o próprio sucesso. Eles devem celebrar ideias, iniciativas e contribuições de outras áreas da organização e apoiar suas implementações, assim como nossa família fazia na cozinha.

Quando os líderes procuram as pessoas para obter informações de diferentes departamentos e oferecem apoio regularmente aos outros, o restante da equipe segue o exemplo, e todos se apoiam. Aos poucos, isso se tornará parte da cultura da organização.

As equipes que celebram regularmente os esforços colaborativos obtêm maiores benefícios em tempos de crise ao se unirem para superar os obstáculos. Eles já sabem que todo mundo está do seu lado, a comunicação flui facilmente e eles identificam e resolvem mais cedo os problemas. Além disso, o volume de trabalho é menor e todos ficam em sintonia porque trabalham para os mesmos objetivos.

QUANDO A COLABORAÇÃO RETARDA O PROCESSO

Pode haver raras ocasiões em que a colaboração retarda o processo, especialmente em grandes organizações. Elas tendem a ser burocráticas e seu funcionamento dificulta a capacidade de lançar rapidamente novos projetos devido ao envolvimento de tantos departamentos.

Isso pode ser facilmente aliviado com a criação de um pequeno grupo de atores-chave que têm a dupla responsabilidade de falar em nome dos diferentes departamentos *e* manter todos informados. Foi assim que a Disney desenvolveu o MyMagic+. O projeto foi concebido para consolidar uma série de funções que vão desde pagamentos com cartão de crédito, chaves de quartos, ingressos para parques, além de reservas em tudo o que for relativo ao Walt Disney World.

Considerando o escopo do MyMagic+, era irônico que apenas cinco líderes formassem o centro do projeto. No entanto, essa foi a única maneira de levar adiante, de forma rápida e eficiente, uma iniciativa que envolveu toda a propriedade.

Os líderes devem pesar os benefícios de apressar uma iniciativa com um grupo coeso em vez de se envolver com todos os colaboradores afetados pelo projeto. Às vezes, muitas reuniões, opiniões e pessoas envolvidas atrasam o processo de tomada de decisão. E em certos casos a velocidade é simplesmente crucial para um resultado bem-sucedido.

No geral, não há desvantagem na colaboração. Como diz o provérbio: "Se quiser ir rápido, vá sozinho. Se quiser ir longe, vá acompanhado". Ocasionalmente, você pode encontrar pessoas que achem difícil sair de seus nichos. Outros são totalmente relutantes e aproveitarão todas as oportunidades para discordar dos colegas e criar discórdia. Como líder, você terá de administrar e resolver esse conflito — algo com que as mães estão muito familiarizadas.

> **"Ser bem-sucedido é fazer concessões satisfatórias com o inevitável."**
> De Joy para Erin
> [St. Petersburgo, FL, EUA]

CAPÍTULO DEZESSETE

VOCÊS NÃO PODEM SIMPLESMENTE SE DAR BEM?

Para a consternação das mães, muitas vezes elas são o juiz designado para lidar com a rivalidade entre irmãos. Mesmo com um único filho sob sua responsabilidade, acabarão tendo que lidar com conflitos gerados pela adolescência. É quando a personalidade geralmente ensolarada de uma criança se torna, digamos... desafiadora.

Mesmo que a primeira década da vida da criança tenha sido perfeita e a mãe apenas ocasionalmente tenha exercido seu poder para fazer o filho cooperar, as coisas mudam assim que chega a adolescência. Ela tem que enfrentar a tempestade das mudanças hormonais de seu adolescente e agora enfrenta respostas passivo-agressivas e comportamentos de confronto.

Bette Davis disse a famosa frase: "Se você nunca foi odiada por seu filho ao menos uma vez, você nunca foi mãe". As mães nem sempre estão totalmente preparadas para lidar com conflitos, mas, novamente, elas não podem demitir seus filhos e não há programas de troca ou devolução.

E, como elas não entregam a responsabilidade parental ao pai, aos professores, aos treinadores ou a qualquer outra pessoa, elas não têm outra escolha a não ser impor a lei.

Como você deve saber desde a infância, o conflito vem de muitas formas. Há as reclamações e brigas cotidianas que vão desde "Ele comeu meus biscoitos!" para "Ela fica mudando de canal". Já ouvi até um melodramático: "Ele está respirando meu ar!".

> **"Nunca diga coisas indelicadas um ao outro, mesmo que ambos saibam que estão brincando."**
> De Patrícia para Michelle [Rochester, NY, EUA]

Ocasionalmente, o conflito pode se transformar em brigas que resultam em gritos variados, xingamentos e portas sendo batidas. Pode até terminar com um dos protagonistas sendo empurrado. Nesses casos, as mães costumam recorrer às ameaças clássicas: "Bata essa porta mais uma vez e eu a removo!" ou ainda "Cuidado com a boca ou vou lavá-la com sabão!". (Não sei quanto a você, mas ainda posso sentir o gosto na boca.)

Frequentemente, esse teatro todo acontece nos bastidores, sem adultos vendo. Significa que, sem você *testemunhar a ação*, chegar ao fundo de uma discussão é como descascar uma cebola: se demorar muito, mais cedo ou mais tarde, você vai chorar. De alguma forma, as mães sobrevivem para contar a história. Eis a minha.

Eram 7h15 de uma manhã ensolarada na Flórida, e as crianças e eu estávamos no meio de nosso trajeto diário para a escola. O tráfego diminuiu quando nos aproximamos do centro de Orlando, e estávamos adiantados.

Margot e Tristan estavam discutindo o mérito de alguns programas de TV quando Jullian pediu que eles falassem baixo para que ele pudesse estudar para a prova de estudos sociais.

Margot retrucou. "Tá meio em cima da hora para fazer isso!"

Quando Jullian revidou com um "Cuide da sua vida", as coisas desandaram.

Tristan ficou do lado da irmã, e os dois se uniram contra o irmão mais velho. O tom da conversa se elevou, transformando-se em uma discussão completa.

Eu não conseguia argumentar com eles. Além disso, eu estava tentando me concentrar em dirigir. Mas a discussão se arrastava e o trânsito continuava. Minha paciência havia se esgotado. Era hora de lhes ensinar uma lição.

Encostei na calçada, apertei o botão para abrir a porta deslizante da minivan e simplesmente disse às crianças: "Saiam".

Estávamos em um bairro residencial, a cerca de um quilômetro da escola, e eles me olharam intrigados. "Por quê, mãe?!"

"Porque sim!"

Assim que perceberam que eu falava sério, eles saíram. Apertei o botão para fechar a porta e simplesmente fui embora.

Até hoje, lembro-me da expressão de choque no rosto deles. Eles provavelmente se perguntaram se eu tinha enlouquecido. Mas não se preocupe. Eu não abandonei meus filhos. Eu simplesmente virei a esquina, estacionei o carro e esperei alguns minutos para me recompor e controlar as emoções. Então, voltei para onde os havia deixado.

> **"Lembre-se, quando eu morrer, vocês só terão um ao outro!"**
> De Tosia para Marisza [Montreal, Canadá]

A essa altura, eles começaram a caminhar em direção à escola. Não tinham ido muito longe, então ficaram aliviados ao me ver parar. Quando abri a porta novamente, eles voltaram para a van em total silêncio.

Ninguém disse uma palavra. Ninguém fez uma pergunta sequer. Nenhum deles reclamou. A breve pausa permitiu que eles desabafassem e se acalmassem. A essa altura, tenho certeza de que eles nem conseguiam se lembrar do que se tratava a discussão. Eu acalmei a situação — por um momento, pelo menos.

Eu sabia que tinha de haver uma maneira melhor de fazer as crianças pararem de brigar. Então elaborei um plano. Arranjei um pote, mais conhecido como pote da "paz e amor". Achei que chamá-lo de "pote de cessar-fogo" seria mais apropriado, mas, no espírito de criar um ambiente positivo, decidi pela paz e pelo amor. Veja como funcionou.

Peguei a mesada semanal das crianças — apenas alguns dólares —, converti em moedas e coloquei o valor total no pote, que deixei no balcão da cozinha. A partir de então, toda vez que ouvia gritos, discussões ou brigas, eu removia uma moeda de lá. No fim da semana, dividia igualmente o que sobrara entre as crianças.

Nas primeiras semanas, eles ficaram surpresos ao descobrir que sua mesada havia evaporado. Não demorou muito para eles perceberem que havia uma maneira simples de economizar dinheiro — eles simplesmente tinham que mudar seu comportamento! A mudança não aconteceu da noite para o dia, mas logo notei uma melhora significativa. No fim, a paz foi restaurada, e a casa ficou muito mais silenciosa.

Claro, eles discutiam ocasionalmente, mas, na maioria das vezes, mordiam o lábio ou saíam da sala para evitar possíveis confrontos tensos — qualquer coisa para não me fazer tirar dinheiro do pote!

Parece que todos concordaram em não cutucar a fera. Eu não conseguia deixar de rir em determinados momentos, quando a tensão aumentava e eu ouvia um deles lembrar os outros do temido pote e das possíveis consequências caso decidissem discutir. Nada funciona melhor do que um pouco de pressão dos colegas!

Ao longo do caminho, descobri o surpreendente lado positivo da rivalidade entre irmãos. Graças ao pote da paz e amor, meus filhos estavam administrando seus conflitos, dominando a arte de ignorar os comportamentos provocativos uns dos outros e resolvendo suas diferenças. E estavam fazendo isso sozinhos! No processo, eles aprenderam a negociar e fazer concessões.

Eu os ouvia debatendo e argumentando uns com os outros. Percebi que Tristan, o mais novo e muitas vezes enganado pelos irmãos mais velhos, costumava levar a pior. Eu ponderei se deveria intervir, mas, antes que eu pudesse fazer isso, Tristan já havia aprendido a se defender. Foi questão de dias até que ele se tornasse mais assertivo e fizesse sua voz ser ouvida.

Não pude deixar de refletir que todas essas habilidades lhes serviriam bem ao longo dos anos. Pensando bem, há algo a ser dito sobre o lado positivo do conflito!

—

Como líder, seria absurdo pensar que você seria poupado. O conflito é inevitável. Você encontrará discórdia ocasional devido a diferenças de personalidades, estilos, agendas e prioridades. Por mais que você queira deixar os membros de sua equipe resolverem o problema por conta própria, deve reconhecer que isso está acontecendo e resolvê-lo rapidamente. Aqui está o caminho.

IDENTIFIQUE A HORA E O LOCAL CERTOS PARA A RESOLUÇÃO DE CONFLITOS

Na maioria dos casos, em vez de agir rapidamente, é aconselhável se afastar por um momento, assim como fiz quando deixei meus filhos no meio-fio e fui me recompor. As mães usam os castigos não para punir, mas para dar aos filhos — e a si mesmas — a oportunidade de se acalmar. Afastar-se de uma situação acalorada permite que todos tenham tempo para controlar as emoções e a mente.

Da mesma forma, dormir pode dar a todos a oportunidade de desanuviar os pensamentos e ver o quadro geral. Dê algum espaço para que eles possam se reorganizar e pensar racionalmente outra vez. É por isso que a diretiva das mães de "vá para o seu quarto" funciona tão bem.

Então, quando estiver pronto, encontre um local privado e neutro — de preferência fora do escritório — para tratar do assunto com as partes interessadas. Abordar questões em público é desrespeitoso. Isso alimenta as fofocas no escritório, e não há necessidade de arrastar outras pessoas para o conflito e fazer com que tomem partido.

E, como em todas as negociações difíceis, muitas vezes você descobrirá que, ao reunir todos os protagonistas na mesma sala, já minimizou o desentendimento.

DEIXE-OS FALAR... E OUÇA

Antes de tirar conclusões precipitadas, faça uma reunião com aqueles que supostamente foram menosprezados. Ouça o que eles têm a dizer. Considere que pode haver circunstâncias atenuantes que afetam o desempenho dos membros da equipe ou suas reações emocionais.

Como líder, promova um ambiente onde as pessoas sejam livres para expressar suas preocupações e opiniões divergentes, desde que seja feito com respeito, é claro. Faça o que fizer, certifique-se de que todos se sintam seguros para falar.

Incentive todos a respirar fundo e expressar sua discordância. Deixe claro que discutir não serve a nenhum outro propósito a não ser fazer as pessoas se sentirem melhor ao desabafar.

Falando nisso, Dan e eu recentemente participamos de um experimento interessante. Um moderador habilidoso reuniu uma plateia de cinquenta pessoas para debater as questões mais polarizadas de nosso tempo: controle de armas, liberdade de expressão e direito ao aborto. Não preciso dizer que todos estavam prontos para brigar.

O formato começou com dois voluntários de extremos opostos do espectro de opinião, cada um tendo três minutos para explicar seu ponto de vista. Ninguém poderia interromper.

Em seguida, o moderador resumiu os pontos levantados em ambas as polaridades e abriu a palavra ao público para perguntas e comentários. Embora todos estivessem ouvindo respeitosamente até esse ponto, não pudemos deixar de notar que os participantes ficaram mais hostis e os comentários, mais cáusticos, e a tensão foi aumentando. As pessoas se tornaram mais vocais, mais autoritárias e até mesmo agressivas.

O moderador estava preparado para isso acontecer. Sentindo que estávamos chegando ao ponto máximo, ele acenou para o assistente, indicando que tocasse uma espécie de música disco. Todos fomos obrigados a dançar. Quanto mais bobos os movimentos de dança, melhor.

Todos nós concordamos e, no processo, liberamos a tensão que vinha crescendo. Após cinco minutos de pura loucura, estávamos prontos para abordar o próximo tópico.

No final, não tenho certeza se alguém mudou de posição em qualquer questão. No entanto, esse exercício obrigou todos não apenas a *escutar* os dois pontos de vista, mas também a *ouvir* os argumentos que foram apresentados, algo que não acontece com muita frequência nos dias de hoje.

Acredito que todos voltamos para casa com algo em que pensar. Eu, por exemplo, achei esclarecedor e aprendi muito.

Na gestão de conflitos, o desafio é conseguir que ambos os lados não deixem as emoções tomarem conta enquanto ouvem os argumentos que estão sendo ditos. Você deve exigir que todos os envolvidos ouçam respeitosamente o ponto de vista um do outro. Como diria uma mãe: "Espere sua vez de falar!".

Se você conseguir fazer isso e resistir à tentação de preparar mentalmente sua resposta enquanto os outros estão falando, isso começará a mover a agulha na direção certa — mesmo sem a dança.

PARE COM O JOGO DA CULPA

Considere que alguns indivíduos tentem subir de posição desviando a responsabilidade e culpando os outros, assim como uma criança tentaria fazer um irmão parecer mau, dizendo: "É culpa dele! Ele começou!".

Uma coisa é apontar os erros dos outros ao cuidar do bem-estar do negócio e outra é rebaixá-los propositadamente. As mães não incentivam a fofoca, e você também não deveria. Como eu dizia aos meus filhos, a fofoca só é aceitável quando a intenção é tirar alguém de uma situação problemática. Como líder, seria sensato seguir a mesma abordagem com sua equipe.

Em um ambiente profissional, fofocas e acusações são mais sutis do que entre as crianças, mas esses comportamentos ainda são prejudiciais. Em vez disso, vá à raiz do problema.

Seja meticuloso na investigação dos motivos da frustração. Pergunte por que os membros da equipe se sentem assim. Você pode descobrir questões mais profundas relacionadas ao organograma, a processos ou assuntos pessoais.

ESTEJAM EM COMUM ACORDO

Como gerente de sortimento de varejo do Epcot, meu trabalho exigia que eu promovesse e facilitasse a colaboração entre a equipe de operações de varejo e o escritório de compras. Quando os negócios iam bem, toda a equipe do varejo se elogiava. Quando os negócios estavam difíceis, o *outro* departamento rapidamente se tornava um bode expiatório. Se um local de varejo não estava tendo um bom desempenho, os operadores apontavam rapidamente os produtos que estavam em falta ou os preços considerados muito altos.

Enquanto isso, os desenvolvedores de produtos no escritório de compras culpavam os operadores por não fornecer pessoal adequado às lojas, por não prestar atenção aos clientes ou por demorar demais para reabastecer as prateleiras.

Meu papel frequentemente incluía fazer com que ambas as partes entendessem que ninguém poderia vencer à custa do outro. Nós tínhamos uma escolha. Todos ganharíamos juntos ou perderíamos juntos.

Ganhar ou perder seria determinado pelo fato de nossos convidados exercerem ou não seu poder de compra. Esse era o parâmetro final pelo qual mediríamos todas as performances.

Esse cenário é muito comum. As empresas geralmente operam em silos. Isso as leva a falhar em se reunir em torno de um propósito comum ou para colaborar. E, quando as equipes não estão trabalhando em direção a um objetivo comum, surge uma competição doentia. Isso deixa os ânimos em polvorosa à medida que os riscos aumentam. Para encontrar uma solução, você terá que identificar o objetivo comum e, em seguida, focar na construção desse objetivo. Em equipe, **identifique o resultado com o qual todos podem concordar.**

Esteja preparado, no entanto. Toda organização tem membros de equipe — até mesmo departamentos inteiros — com prioridades divergentes. Não deixe que eles percam de vista o que você está tentando fazer como empresa: atender às necessidades e aos desejos de seus clientes.

Esses mesmos clientes não querem saber de seus conflitos internos ou diferenças de prioridades. Eles se preocupam com o resultado, o serviço ou o produto que você fornece. Eles dão sua opinião com dinheiro. Portanto, ao lidar com conflitos, não se esqueça de que o único objetivo é atender os clientes de forma que todos saiam ganhando.

Quando você fornece à sua equipe um objetivo comum, esse objetivo deve substituir as tarefas e responsabilidades individuais. Ao fazer isso, os membros da equipe saem de seus silos e enxergam além das prioridades divergentes.

EXPLIQUE SUA DECISÃO

Os líderes devem tentar negociar até que todas as partes envolvidas estejam satisfeitas com a decisão. No entanto, haverá momentos em que você não conseguirá satisfazer a todos. Quando isso acontecer, reserve um tempo para explicar o raciocínio por trás da decisão — algo um pouco mais desafiador do que declarar: "Porque sou sua mãe, é por isso!".

Você pode não conseguir a aprovação das pessoas, mas deve obter o apoio delas. Fornecer clareza e explicar o processo de tomada de decisão garantirá que eles se sintam valorizados e respeitados, mesmo que estejam do lado errado da decisão.

Ao longo do caminho, você pode ter que identificar algumas estratégias para ajudar aqueles que resistem à resolução de conflitos. Ajude-os a ver como cada decisão não apenas os afeta, mas também afeta os clientes.

O objetivo comum dos meus filhos era manter o pote de paz e amor cheio. Eles estavam interessados em garantir que receberiam sua mesada.

Então, o que há no pote da sua equipe?

—

Uma das piores coisas que podem acontecer é os líderes fugirem do conflito e se esquivarem do confronto. Quanto mais você esperar, maiores serão as chances de que o ressentimento apodreça. E, acredite, isso vai contaminar a equipe. As pessoas vão fofocar, tomar partido e desacreditar os outros. Haverá amargura ou mesmo hostilidade entre os protagonistas. Portanto, não demore em dar a resposta.

Na verdade, o conflito apresenta oportunidades. Como líder, você se beneficiará ao se envolver com dissidentes. Eles não são apenas simples agitadores ou insurgentes; eles têm um ponto de vista ou uma razão que é valiosa, não importa o quê, então abra sua mente e os ouça com atenção. Há sempre um insight pertinente em perspectivas distintas e opiniões divergentes. Você não precisa concordar, mas deve prestar atenção de qualquer maneira.

"Somos todos ignorantes, cada um de nós sobre um assunto diferente."
De Marcela para Ana [Cidade do México, México]

Ao enfrentar de frente os problemas, estimular a discussão e a negociação e focar nos objetivos comuns, você evita que o ambiente se torne tóxico e mostra à sua equipe que divergências podem, de fato, ter um resultado positivo.

E, quando você passar por tudo isso, pode até estar machucado, porém vai estar mais sábio. Administrar conflitos com sucesso é o teste definitivo de um ambiente saudável... e uma família saudável.

CAPÍTULO DEZOITO

NAVEGANDO NAS CORREDEIRAS

No verão de 2006, as crianças e eu estávamos de férias na França. Buscando, como sempre, um pouco de aventura, levei meus filhos e minhas duas sobrinhas em uma canoa para descer um rio perto de onde estávamos. Aos cinco anos, Tristan era o mais novo de todos. O mais velho do grupo tinha catorze anos.

O rio era fácil de navegar e não tinha declives acentuados, então imaginei que todos nos divertiríamos muito. Com cinco crianças a reboque, partimos em uma tarde ensolarada. Margot, Elise e Sophie queriam ficar na mesma canoa, e os meninos e eu estávamos em outra, com Tristan seguramente espremido entre Jullian e eu.

Cerca de duas horas depois do que seria uma viagem de quatro horas, notei que o rio se estreitou, fazendo com que a água corresse pelo gargalo. O rio parecia muito mais profundo naquela área.

Os meninos e eu contornamos a borda do gargalo para evitar toda a força da corrente, mas a canoa das meninas bateu em uma árvore caída oculta sob as águas, girou para o lado e capotou. Elise e Sophie imediatamente voltaram, mas Margot não estava à vista.

Temi que seu colete salva-vidas tivesse se enroscado nos galhos, impossibilitando que ela subisse. Eu precisava agir rapidamente! Meu instinto entrou em ação e mergulhei para resgatar minha filha. Mas eu estava a uns bons dois metros rio abaixo da canoa de cabeça para baixo presa à árvore, e a força da corrente me impediu de alcançá-la. Parecia um pesadelo absoluto!

De repente, percebi o que precisava fazer. Saí da água, subi um pouco pela margem e mergulhei de volta no rio para que a corrente me levasse até onde minha filha estava presa. Aqueles poucos segundos pareceram uma eternidade.

Felizmente, a corrente me jogou direto na canoa, tirando-a do lugar. Com isso, Margot emergiu e eu a puxei para a margem, onde recuperamos o fôlego. No momento em que Margot voltou a respirar normalmente, começou a chorar. Fiquei profundamente grata por essas lágrimas. Era bom que ela estivesse chorando, significava que estava respirando.

Em seguida, verifiquei o restante da tripulação, apenas para descobrir que Tristan estava sozinho em nossa canoa — Jullian havia pulado atrás de mim para ajudar a salvar sua irmã — e flutuava rio abaixo. Felizmente, Elise e Sophie estavam correndo ao longo da margem, acompanhando-o. Elas logo alcançaram a canoa quando o rio se alargou e a corrente diminuiu consideravelmente.

Uma vez que estávamos todos juntos em segurança, avaliamos os danos. Perdemos dois remos e uma câmera, além de algumas peças de roupa que flutuavam rio abaixo. Mas estávamos todos vivos, e isso era tudo o que importava!

Depois de confortar as crianças — Margot já havia se acomodado —, eu disse a elas que teríamos que voltar para as canoas para chegarmos ao local onde alguém da locadora nos pegaria. Compreensivelmente, as crianças estavam relutantes em continuar, mas não tínhamos outra opção.

Meu objetivo era levar nós seis para casa em segurança. Garanti às crianças que tomaríamos cuidado e que, se eu visse outro gargalo, sairíamos e puxaríamos as canoas ao longo da margem até que a água diminuísse novamente.

Margot reuniu coragem para voltar para a canoa e os outros a seguiram. Tentei manter uma conversa leve enquanto descíamos o rio, mas o nervosismo era palpável e os primos, normalmente tagarelas, estavam quietos. Quando finalmente chegamos ao ponto de encontro, aliviados por estar em terra seca, parabenizei as crianças por sua coragem e resiliência.

Quando Dan ligou dos Estados Unidos naquela noite para saber sobre nossa viagem de canoa, a magnitude dos acontecimentos do dia finalmente me atingiu. Comecei a chorar quando percebi quão mal aquilo poderia ter terminado.

Até hoje não sei como consegui pensar com clareza suficiente para tirar Margot do rio. Eu imagino que foi puro instinto materno.

Sou infinitamente abençoada por não ter enfrentado circunstâncias semelhantes em muitas ocasiões, mas os acontecimentos daquele dia de verão me deram uma compreensão do que é preciso para atuar em um momento de crise.

—

A liderança já é difícil o suficiente quando as coisas estão indo bem, mas em tempos de crise é quando os verdadeiros líderes mostram do que são feitos. É quando olhos esperançosos se voltam para o topo do organograma e procuram uma solução. Existem algumas etapas cruciais que os líderes devem seguir.

AVALIE A SITUAÇÃO

À medida que você e sua organização se deparam com crises imprevistas, você não pode se esquivar dessas responsabilidades ou mostrar incerteza. Você precisa agir. Mas, antes de agir, você tem que avaliar a situação e decidir se deve agir rapidamente ou reunir mais fatos.

> "Uma mulher cautelosa vale por duas."
> De Libertad para Jéssica (Cabimas, Venezuela)

Não hesite em obter informações, mas esteja atento à paralisia da análise, quando a descoberta de fatos leva tanto tempo que torna a tomada de decisão ainda mais desafiadora. Enquanto isso, sua equipe pode ficar ansiosa, o problema se tornar ainda mais opressor e o estresse antecipado obscurecer o julgamento de todos.

Quanto mais tempo a crise permanecer sem solução, mais danos à sua credibilidade. Portanto, faça o que puder para restabelecer um nível de normalidade.

NÃO DEIXE AS EMOÇÕES ATRAPALHAREM

Quando Margot desapareceu debaixo d'água, racionalmente eu temi por sua vida e tive uma intensa reação emocional. Infelizmente, esses tipos de **emoções obscurecem seu julgamento, tornando difícil pensar com clareza e tomar decisões racionais**. (Isso é conhecido como sequestro da amígdala.)

Em uma crise, faça o que for preciso para controlar as emoções e poder se concentrar nos assuntos mais urgentes. É normal sentir algumas emoções, mas elas não devem controlá-lo. Em vez disso, respire fundo e use a adrenalina para concentrar toda a sua atenção e energia no assunto em questão.

CONCENTRE-SE NO QUE MAIS IMPORTA

Pergunte a si mesmo: *o que é mais importante?* Depois de saber a resposta, concentre-se nisso. Agora não é hora de perseguir vários resultados ou procurar uma solução perfeita.

No dia 11 de setembro, enquanto um ponto central dos Estados Unidos estava sendo atacado, evacuamos imediatamente todos os parques da Disney. Manter os visitantes fora de perigo era a única prioridade. Nem por um momento a Disney considerou a perda de receita ou possíveis convidados insatisfeitos. Os parques permaneceram fechados até que fosse considerado seguro reabri-los.

Às vezes, você pode lidar com um dilema em que não há soluções adequadas. Considere o que você pode ter que sacrificar, sempre voltando ao que é mais importante. Você pode ter que seguir o que seu instinto lhe diz.

Não importa o que for fazer, faça! O pior que pode acontecer é a inércia e a falta de determinação. Você não quer olhar para trás desejando ter feito alguma coisa.

RESTAURE A CONFIANÇA

Lembre-se de que as emoções de sua equipe também estão em alta. Somente mantendo a calma você poderá desarmar a tensão entre sua equipe e permitir que eles pensem racionalmente. **Para aliviar a ansiedade dos membros da equipe, mantenha a compostura.** As emoções são contagiosas, então opte por espalhar a calma em vez da ansiedade.

Durante nossa situação na canoa, eu estava ciente do fato de que as crianças estavam observando como eu agiria quando retomássemos a viagem. Eu não podia deixá-los perceber como eu estava ansiosa! Minha confiança havia sido abalada, mas a última coisa de que as crianças precisavam era de uma mãe abalada liderando o caminho.

FALE COM SEU PESSOAL

Na minha experiência, as falhas de comunicação agravam situações de crise. No entanto, é nesse momento que você precisa ser mais diligente na comunicação. Quando as coisas parecem estar desmoronando, você precisa ser transparente sobre suas decisões e explicar por que está fazendo o que estiver fazendo. Se não se comunicar, sua equipe pode tirar conclusões precipitadas e fazer suposições que podem piorar as coisas. Portanto, **comunique-se ainda mais do que normalmente se comunica**.

Isso não apenas tranquilizará a equipe de que a situação está sendo cuidada e administrada como evitará que ela saia do controle. Mesmo que você não tenha todos os fatos ou todas as respostas, diga a eles o que sabe. Alguma comunicação é melhor do que nenhuma.

ABORDE A CAUSA MAIS TARDE

Chegará o momento de avaliar o motivo da crise. Mas isso só deve acontecer quando a poeira baixar e você puder examinar racionalmente o problema e chegar à raiz de tudo.

Quanto ao fiasco da canoagem, culpei-me por ter decidido fazer uma viagem dessas com cinco crianças e nenhum outro adulto para ajudar. Claro, também expliquei à empresa de aluguel de canoas o que havia acontecido para que eles pudessem avisar futuros clientes e possivelmente até remover a árvore escondida — literalmente era uma raiz o problema de nossa crise.

—

No final, sempre há lições a serem aprendidas com essas experiências. Lidar com situações de crise revela muito sobre o caráter e o quanto você consegue aguentar.

Algumas pessoas desmoronam sob o peso das decisões e procuram outras. Alguns congelam e não funcionam. Alguns aceitam o desafio. A adrenalina, se canalizada corretamente, permite que você faça coisas que de outra forma não seria capaz. Pode aumentar sua força, estimular sua coragem, aumentar seus reflexos, aumentar sua capacidade de concentração e aumentar seu poder cerebral.

Igualmente, lidar com uma crise forja o caráter. Isso permite que você continue a crescer em conhecimento, habilidades e experiências valiosas — algo que você pode achar difícil de apreciar no meio da tempestade.

Olhando para trás, você perceberá o quanto aprendeu enquanto enfrentava crises. E quando você é um líder, descobre que há muito que realmente não sabe e o tanto que ainda precisa aprender. O que nos leva à necessidade de autoaperfeiçoamento contínuo.

CAPÍTULO DEZENOVE

CONTINUE APRENDENDO

A data de 2 de setembro de 1995 ficou gravada em minha memória como o início de uma nova e profunda fase de desenvolvimento pessoal. É o dia em que Jullian nasceu.

No momento em que a enfermeira colocou meu filho em meus braços, a magnitude da responsabilidade da maternidade me atingiu. Eu sabia que, daquele dia em diante, nunca mais pararia de aprender. Ser responsável por outro ser humano muda sua perspectiva e faz com que você reconsidere como encara a vida em geral.

De repente havia uma lista cada vez maior de novas habilidades a serem adquiridas e uma infinidade de decisões a serem ponderadas, das quais nenhuma era fácil. E, justamente quando você pensa que sabe o que está fazendo e pode copiar e colar seu conhecimento com a próxima criança, você aprende que não há duas crianças iguais.

Como mencionei, lamentavelmente eu estava despreparada para criar filhos. Eu nunca havia cuidado de um recém-nascido, muito menos trocado uma fralda ou dado uma mamadeira a um bebê. Eu tinha um pouco de prática com crianças pequenas de minha experiência como *au pair* em Londres, mas isso girava em torno de maneiras eficazes de mantê-las alimentadas e entretidas.

Eu não sabia que à noite os bebês às vezes choram não por estarem com fome, mas porque precisam ser consolados.

Eu não sabia que era melhor comprar meia dúzia de chupetas por precaução, e que você deveria ter sempre dois exemplares do urso favorito de seus filhos.

> **"Sempre compre em dobro tudo de que você precisa, para prevenir."**
> De Carol para Marcy
> [Nova York, NY, EUA]

Eu não sabia absolutamente nada sobre como lidar com a rivalidade entre irmãos, exceto pela minha experiência com minha irmã.

Eu não sabia que podia esconder e servir vegetais na forma de *smoothies* e que rolos removedores de pelos são ótimos para pegar *glitter*.

Eu também não sabia que água fria pode acabar com uma birra.

Eu não conhecia os benefícios de uma rotina estabelecida e a arte da psicologia reversa.

Eu não sabia que, quando um irmão mostra progresso, as crianças chamam a atenção por se sentirem menosprezadas ou ignoradas.

Eu não conhecia o poder da repetição e a magia do reforço positivo.

Eu não sabia que você poderia tornar a tabuada divertida de aprender ensinando-a enquanto joga Twister, ou que você poderia motivar seu filho a ler palavras básicas escondendo *flashcards* pela casa e jogando "quente ou frio".

Eu não conhecia a psicologia e a diplomacia necessárias para lidar com os desafios de criar um adolescente.

Eu não sabia como ler os sinais de superestimulação, futuros acessos de raiva e reações alérgicas.

Você entendeu o que eu quis dizer. Essa lista é interminável.

Então, li livros sobre criação de filhos, consultei amigos e parentes, busquei conselhos de profissionais e até recorri ao Google em busca de informações e práticas recomendadas. Mas, como cada criança é única, rapidamente percebi que teria que aprender a maior parte do trabalho.

Todas as crianças respondem a coisas diferentes, então tive que decidir como proceder, colocar minha estratégia à prova e depois ajustar, adaptar ou adotar uma abordagem totalmente distinta.

Não existe uma cartilha parental 100% infalível. Então, assim como todas as outras mães, eu só tinha que descobrir. Tive que aprender *fazendo*.

É por isso que ser mãe é difícil, desconcertante e humilhante. Aprender isso rapidamente permite que você veja suas limitações e deficiências. As crianças podem surpreendê-lo de várias formas revelando suas falhas e imperfeições. E isso acontece diante dos seus olhos.

Só para lembrar, as crianças também têm um talento inato para refrescar sua memória e lembrá-lo de que você não sabe tudo. Na verdade, na adolescência, eles deixam claro que, na opinião deles, você não sabe nada!

Ser mãe e amar um filho é como um exercício físico extenuante — pode doer em lugares que você nem sabia que existiam, especialmente seu ego e sua confiança. As crianças crescem e mudam, e você também. Você aprende formas melhores de preparar as crianças para os desafios que elas enfrentarão, mesmo aqueles com os quais você nunca teve que lidar. Você aprende novas habilidades e abordagens diferentes.

> **"Floresça onde você está plantado."**
> De Dolly para Susan
> [Bona, Alemanha]

As mães continuam focadas em criar os filhos mais perfeitos que puderem. Elas avaliam e analisam o próprio desempenho e muitas vezes são suas piores críticas, mantendo-se em padrões elevados. Elas descobrem suas limitações, expõem sua vulnerabilidade e tentam melhorar à medida que avançam. Elas continuam comprometidas em ser as melhores mães que podem ser, sabendo que nunca, nunca param de aprender.

—

Você já tentou listar todas as qualidades e todos os comportamentos de grandes líderes? Se sim, provavelmente ainda está trabalhando nessa lista. É interminável e bastante impressionante. Não há um líder do passado, presente ou futuro que tenha todas essas qualidades.

Mas uma característica comum desses líderes é que eles são aprendizes ávidos e, assim como as mães, entendem que o aprendizado nunca termina. Assim, eles continuam aprimorando suas habilidades e expandindo seus conhecimentos.

William Pollard afirmou com veemência: "A arrogância do sucesso é pensar que o que você fez ontem será suficiente para amanhã".

Eu gostaria de acrescentar: "O que você *sabia* ontem não será suficiente para amanhã". Aprendi isso da maneira mais difícil enquanto descobria as diferentes personalidades e necessidades de cada um dos meus filhos.

Nos negócios, as coisas mudam muito rápido e se tornam mais complexas a cada dia. Se acha que tem todo o conhecimento de que precisa, pense novamente. Você sempre pode melhorar.

Se você leu até aqui, presumo que esteja interessado em ser um líder melhor. E, para que isso aconteça, precisa olhar para a sua agenda e dedicar um tempo ao que vou dizer.

APRENDA A QUALQUER HORA E EM QUALQUER LUGAR

Para fazer isso, leia muito, assista a palestras, ouça TED Talks, participe do LinkedIn Learning e interaja com seus colegas, especialistas ou um mentor. Junte-se a um grupo de *mastermind*. Melhor ainda, contrate um coach que possa orientá-lo na identificação de seus objetivos. Essa pessoa pode não apenas lhe dar orientação e encorajamento, mas também fornecer um compromisso adicional com o autoaperfeiçoamento, pois prestará contas a outra pessoa que o apoiou e dispensou tempo a você.

Você não precisa esperar uma avaliação de desempenho ruim, uma conversa franca com seu líder ou esperar que suas deficiências se tornem evidentes para derrubar suas barreiras e abraçar o aprendizado. **A melhor coisa que pode fazer por si mesmo, sua família e sua equipe é fazer tudo o que puder para crescer** e enfrentar melhor as provações e tribulações da vida.

APRENDA COM SEUS ERROS

Imagine que acabou de concluir um projeto ou uma tarefa complicada. Você pode estar ansioso para comemorar com uma taça de champanhe ou simplesmente passar para o próximo projeto. Não precisa ser tão rápido! Primeiro, avalie o que acabou de concluir.

Pratique sua própria revisão *post mortem*. Considere o que poderia ter feito melhor. Pergunte a si mesmo: *Se eu fosse fazer isso de novo, faria da mesma maneira? O que funcionou? O que não deu certo?*

Aprenda com os desafios vividos, com os erros cometidos e com as falhas. Um erro só é trágico quando você deixa de aprender as lições dele. Faça anotações do que aprendeu e aplique as lições em seu próximo projeto.

> **"Se eu tivesse vinte anos e soubesse o que sei agora..."**
> De Anna para Valerie
> [Lyon, França]

Se você acha que isso é uma perda de tempo, considere a alternativa — e continue cometendo os mesmos erros repetidamente.

APRENDA COM SUA EQUIPE

Quando pressionado a entregar resultados, você pode facilmente adquirir o hábito de apenas executar o que considera ser o melhor curso de ação sem parar para envolver sua equipe. Você falha ao não encorajar perguntas ou desafios à sua linha de raciocínio.

Às vezes, os líderes direcionam involuntariamente suas perguntas para uma resposta desejada, usando perguntas fechadas que não permitem o uso de habilidades analíticas ou críticas. Isso limita o leque de respostas, mesmo que involuntariamente.

Por outro lado, o uso de perguntas abertas de alto nível abre as portas para insights importantes e gera opções mais viáveis.

Essa é a diferença entre perguntar "Quais são as etapas do nosso processo de registro de clientes que precisam ser aprimoradas?" e "Como você projetaria um processo de registro de cliente aprimorado?". A primeira é restritiva. A última instiga por mais informações e uma gama mais ampla de respostas.

De maneira semelhante, você já se pegou perguntando: "Você não acha que deveríamos...?".

Essa não é uma pergunta real. Você está simplesmente fazendo uma sugestão, e sua equipe pode se sentir desconfortável em discordar.

Ao pedir a opinião da equipe, respire fundo e curta um pouco o silêncio. Deixe sua pergunta ser absorvida. Alguns membros da equipe podem precisar de um momento para organizar os pensamentos, formular uma resposta ou apresentar uma sugestão. Você pode estar pensando no problema por um tempo, mas pode ser a primeira vez que eles o ouvem.

Continue com perguntas de acompanhamento abertas para permitir mais informações e mostrar que realmente está interessado em aprender com eles. E, então, por último, compartilhe seu ponto de vista.

CRIE METAS DE AUTODESENVOLVIMENTO

O autodesenvolvimento é um investimento de longo prazo que não produz resultados imediatos. Então, adiamos, alegando que faremos isso quando tivermos tempo e energia ou quando não houver incêndios para apagar. Esse dia nunca chegará.

Outras prioridades preencherão sua agenda até que você intencionalmente reserve um tempo para investir em seu autodesenvolvimento, assim como você pode reservar um tempo para ir à academia.

Para garantir que você vai priorizar o autodesenvolvimento, formalize-o para sua equipe e para você. Exija que todos estabeleçam metas para desenvolver habilidades, competências e conhecimentos. Em seguida, responsabilize você e a equipe, adicionando-o às avaliações de desempenho. Isso fornecerá o incentivo para priorizar esse elemento crucial do crescimento.

—

A vida continua ensinando, e a gente nunca para de aprender. Mas, embora os líderes possam direcionar o autodesenvolvimento para áreas de especialização alinhadas com suas funções e responsabilidades, há algo a ser dito sobre expandir a mente ao se aventurar em novas áreas e experimentar. É por isso que grandes líderes se beneficiam quando têm uma natureza curiosa.

CAPÍTULO VINTE

DE ONDE VÊM OS BEBÊS?

Quando levamos as crianças para a França pela primeira vez, andávamos de carro pelo país a uma velocidade de cerca de cem perguntas por hora. "Por que os prédios são tão antigos?", "Por que os franceses dirigem tão rápido?", "Quem decidiu que os caracóis eram comida?", "Eles realmente usam boinas?". Claro, havia também o bom e velho "Já chegamos?".

Quando finalmente chegamos ao nosso destino, as perguntas continuaram. "Quantas vezes por semana eles comem pernas de rã?", "Eles bebem vinho no café da manhã?", "Por que ela está usando uma gargantilha nos dentes?" (essa veio de Margot vendo uma garota com aparelho).

As crianças não têm vergonha de sua ignorância. Em vez disso, permitem que seu senso natural de investigação venha à tona. Elas querem saber por que as pessoas se comportam da maneira como se comportam, como as coisas funcionam, o que o futuro reserva... e de onde vêm os bebês. Eles estão curiosos sobre tudo o que a vida tem a oferecer.

Se permitido, seu fluxo ininterrupto de perguntas pode ser cansativo às vezes. Além disso, as mães nem sempre têm as respostas. Se eu me encontrasse nessa situação, minha resposta seria: "O que você acha?".

Essa pergunta convida as crianças a usar seu pensamento crítico e encontrar uma resposta plausível por conta própria, sem mencionar que extrai inúmeras pérolas divertidas diretamente de suas bocas inocentes.

Certa vez, enquanto assistia ao lançamento de um ônibus espacial — uma vantagem de morar na Flórida —, Jullian, com sete anos, perguntou-se em voz alta como a NASA consertaria o ônibus espacial se surgisse um problema após a decolagem. Antes que alguém pudesse responder, Margot (então com quatro anos) brincou, confiante: "Com fita adesiva!".

Infelizmente, esse senso de inocência, admiração e curiosidade diminui quando as crianças se tornam adultas. Por quê? Porque muitas vezes aprendemos na escola que só há uma resposta certa, que temos de colorir dentro das linhas, que temos de seguir as regras e não perder tempo investigando soluções tiradas da nossa imaginação. Isso deixa pouco espaço para expressão, curiosidade e experimentação de forma livre.

Espera-se que as perguntas se encaixem nos limites do conhecimento apresentado no currículo, e as escolas não incentivam as crianças a pensar fora da caixa, efetivamente sufocando a curiosidade e a criatividade.

Sempre fui de encorajar meus filhos a experimentarem as coisas. Não que eu sempre tenha aplaudido seus experimentos, especialmente quando eles colocaram um chiclete do lado de fora de um avião enquanto estávamos embarcando só para ver se ainda estaria lá na aterrissagem! (Para constar, ainda estava. Mas tinha se transformado em um monstro pegajoso de sessenta centímetros de comprimento!)

Normalmente, porém, eu apenas os observaria se divertindo mostrando seus "eus" curiosos. Por exemplo, quando tinha oito anos, Margot e sua amiga Tara perguntaram se podiam fazer uma salada chamada "Tar-Got". Curiosa sobre o que elas inventariam, dei liberdade a elas para vasculhar a geladeira e a despensa.

Observei de longe enquanto elas cortavam e combinavam cuidadosamente verduras, cenouras e pepinos. (Até então, tudo bem.) Em seguida, elas adicionaram uma xícara de morangos fatiados (não é do meu gosto, mas tanto faz). No entanto, no momento do tempero, fiquei horrorizada ao vê-las derramar cuidadosamente mel e iogurte sobre a salada e, em seguida, adicionar açafrão moído e uma pitada generosa de pimenta caiena para finalizar. Então veio o toque final: uma colher de alho em pó coberto com — espere — um pouco de calda de chocolate. O simples ato de pensar na combinação de sabores é suficiente para me fazer engasgar.

Eu observei elas prepararem essa salada Tar-Got e se sentarem prontas para desfrutar de sua criação. Com certeza, elas saborearam cada mordida e anunciaram com orgulho que era realmente a melhor salada que já haviam provado! Por medo de me oferecerem um prato, optei por não discutir com elas.

Eu sabia que, além da diversão de cozinhar juntas, as meninas tinham **a satisfação de criar algo sem orientação**. Tive que superar a tentação de fornecer instruções ou ditar qual deveria ser a aparência ou o sabor do resultado. Em vez disso, saí do caminho, permiti que elas seguissem suas mentes inquisitivas e deixei o aprendizado se desenrolar.

Até hoje, nem Margot nem Tara esqueceram que combinar alho, calda de chocolate, mel e pimenta caiena é uma receita para o desastre, mesmo que elas nunca tenham admitido isso!

—

As pessoas são naturalmente curiosas, especialmente quando confrontadas com coisas, pessoas ou ambientes novos. Elas nunca superam a criança interior de seis anos. Elas ficam energizadas e revigoradas quando têm a chance de aprender novos conhecimentos que despertem sua curiosidade.

Quando têm a liberdade de experimentar, as pessoas não apenas prestam mais atenção à experiência, mas também processam as lições com mais eficiência — da mesma forma que as crianças fazem quando podem explorar por conta própria. Elas usarão seu pensamento crítico, aplicarão mais esforço e alcançarão melhores resultados.

Como líder, você se beneficiará ao encorajar sua equipe a investigar, experimentar e seguir o rastro de sua curiosidade. Aqui estão algumas sugestões.

CULTIVE A CURIOSIDADE

Quando estiver pensando em desenvolver novos produtos ou serviços, deixe sua equipe "brincar na cozinha", se quiser, e criar sua própria "salada". Eles aprenderão no processo, e você também.

Existem riscos calculados que você *pode* e *deve* aceitar para que haja aprendizado. Promova um ambiente onde você recompense a curiosidade independentemente do resultado. Dedique alguns recursos para que você e sua equipe possam investigar novas áreas e perseguir interesses mesmo não relacionados à sua atividade.

Exija que os membros de sua equipe descubram o que eles querem saber e, em seguida, deixe-os livres para buscar respostas. Isso alimentará ainda mais seu senso de autonomia e desenvolverá sua capacidade de trabalhar de forma independente. Ao permitir que cultivem interesses pessoais, você fornece aos indivíduos estímulo e realização intelectual que melhorarão a retenção em sua organização.

Então, por que não iniciar uma reunião de equipe perguntando: "O que você aprendeu recentemente que pode compartilhar com o grupo?". Você descobrirá que as respostas podem variar de coisas triviais a outras verdadeiramente informativas.

INCENTIVE A CURIOSIDADE

Os líderes devem ajudar suas equipes a superarem inibidores, como suposições e medo. Portanto, incentive os membros de sua equipe a fazer perguntas estranhas e dar sugestões, mesmo que sejam consideradas esquisitas. Algumas perguntas exporão a verdade e levarão ao aprendizado. Outras desafiarão seu pensamento, o que o ajudará a crescer como pessoa e como líder.

Em um ambiente de negócios, os membros da equipe muitas vezes evitam ser curiosos e se limitam a fazer perguntas seguras — perguntas que não comprometam sua posição na organização ou as formas de pensamento estabelecidas. Aqui vai uma dica: **se os membros da sua equipe não estão fazendo perguntas difíceis, isso não significa**

que eles não tenham nenhuma. Isso provavelmente significa que eles estão com muito medo de perguntar ou sabem que você não vai ouvir.

Deixe claro que você aceita perguntas desafiadoras ou aparentemente estranhas. Você pode até considerar designar alguém da equipe para ser o "inquisidor extraordinário" do dia, alguém que vai desafiar o pensamento estabelecido, se aventurar em um novo território ou fazer em voz alta a pergunta incômoda que está na cabeça de todos, como: "O que aconteceria se fizéssemos isso...?".

Dê o exemplo ao sondar sua equipe perguntando: "O que você acha?... Qual é a nossa melhor opção aqui?... O que você faria se estivesse no meu lugar?... Há algo que eu não esteja percebendo ou em que não esteja pensando?... Como isso é um problema?... Quais são algumas opções não convencionais?... Alguma ideia maluca que devamos considerar?".

ORGANIZE UM *HACKDAY*

É preciso permitir que as pessoas experimentem, e isso só acontecerá se você fornecer tempo e espaço. Então, se puder, agende um dia para que toda a equipe possa trabalhar no que for do agrado e curiosidade deles e que não faça parte de suas tarefas diárias.

É uma ótima oportunidade para explorar novos campos, novas atividades ou até mesmo novas tecnologias. Deixe as pessoas trabalharem em grupos ou de forma independente nas atividades que escolherem. Isso proporcionará uma quebra na rotina e pode criar oportunidades para os membros da equipe interagirem com pessoas de outras áreas da organização com as quais raramente trabalham.

SEJA UM LÍDER CURIOSO

A curiosidade é contagiosa, então você pode alimentar a curiosidade da equipe dando o exemplo. Mostre interesse em aprender novas habilidades. Faça perguntas poderosas que irão estimular a reflexão e obrigar você a desafiar a maneira estabelecida de fazer as coisas.

Descobri que poderia usar as mesmas perguntas que usei para incitar meus filhos. "Por que isso é feito dessa maneira?", "Como isso vai funcionar?", "O que aconteceria se...?". E então eu me juntei a eles para encontrar as respostas.

Como mãe, enfrentei uma enxurrada de perguntas para as quais nem sempre tinha uma resposta. Eu poderia tentar desviar com um rápido "É assim que as coisas são!". Mas as crianças são implacáveis com suas perguntas. Então, descobri que a melhor maneira de despertar a curiosidade não apenas com meus filhos, mas também com minha equipe, é dizer: "Vamos descobrir!".

—

As crianças podem ver as coisas objetivamente porque não têm referências do passado, portanto não estão presas a preconceitos ou ideias preconcebidas. (A propósito, concordo com Margot, "gargantilha nos dentes" é uma maneira muito mais divertida de descrever aparelho!). Eles deixam a curiosidade guiar seus questionamentos, forçando as mães a apresentarem respostas criativas, às vezes.

Todos podem se beneficiar da mesma forma se você desaprender o que sabe, der uma nova olhada em como você opera e considerar abordagens únicas.

No final, você descobrirá que a sede de conhecimento cresce exponencialmente. Quanto mais você sabe, mais se dá conta do quanto não sabe. E isso leva à percepção de que, quanto mais rico e diversificado for o ambiente em que você opera, maiores serão as lições.

CAPÍTULO VINTE E UM

QUE MUNDO MARAVILHOSO

Apenas quatro semanas depois que Jullian começou no jardim de infância, a escola convidou os pais para uma visitação. Fixado nas costas de cada cadeira da turma havia uma desenho feito a mão de cada criança. Então, quando entramos na sala de aula, havia vinte rostinhos olhando para nós.

Dan e eu examinamos as fileiras, procurando até mesmo o menor detalhe que nos desse uma pista sobre qual assento pertencia ao nosso filho. Por mais que tentássemos, simplesmente não conseguimos identificar o retrato de Jullian. A professora veio ajudar, apontando para o desenho de um rostinho moreno.

Acontece que Jullian tinha se desenhado na mesma cor de seu melhor amigo, Kierin. Não importava que Kierin fosse descendente de indígenas. Dan e eu caímos na gargalhada, para grande alívio do professor. Na verdade, não poderíamos estar mais entusiasmados com o fato de nosso filho não perceber que ele não tinha a mesma cor de pele do amigo.

Esse incidente confirmou nossa visão de que as crianças não nascem com preconceito — elas são *ensinadas* a ter preconceito. As crianças não notam para as diferenças na cor da pele até que aprendam de maneira diferente ao verem como as pessoas ao seu redor agem e ouvindo o que as pessoas dizem. E, pouco a pouco, sua visão de mundo é moldada pelo que eles veem e ouvem, e eles adotam essas crenças e imitam esses comportamentos.

Isso ressalta a importância de as mães modelarem os comportamentos apropriados respeitando e abraçando a diversidade. Elas devem estar atentas a tudo o que fazem e dizem, pois ensinar às crianças o valor da diversidade traz muitas armadilhas e muitos desafios. E isso vai muito além da diversidade de etnia e cor da pele.

O verão de 2001 foi o primeiro ano em que levei meus filhos para a Europa sozinha. Eu havia deixado meu emprego na Disney para me dedicar a criar meus filhos por um tempo, então nós finalmente tivemos tempo para visitar a minha família na França.

Como mencionei, as crianças faziam muitas perguntas nessas viagens, e em sua primeira visita ao meu país não foi exceção. Um dia, as crianças e eu fomos ao supermercado.

Estacionei o carro e fomos pegar um carrinho de compras. Na maioria das lojas na França, os carrinhos ficam acorrentados, e os compradores devem inserir uma moeda para utilizar um deles. Depois de devolvê-lo e colocar a trava de volta no lugar, você recebe sua moeda de volta. Muitas vezes, há sem-teto estrategicamente esperando por perto, sabendo que os compradores são mais suscetíveis a entregar a moeda que têm em mãos.

Então, enquanto íamos pegar nosso carrinho e nos dirigíamos à entrada da loja, Jullian, com sete anos, perguntou: "Mãe, o que essas pessoas estão fazendo?". Expliquei que provavelmente eram sem-teto e precisavam de dinheiro para comprar comida.

Jullian ficou quieto enquanto refletia sobre minha resposta até que finalmente disse: "Não temos pessoas assim na América".

Fiquei atordoada. Como meus filhos podiam estar tão alheios às dificuldades que alguns enfrentavam nos Estados Unidos? E então me dei conta: morávamos em uma bela área residencial perto do Walt Disney World, onde a magia se estendia às lojas e instalações locais. Meus filhos frequentaram uma escola de alto padrão com filhos de famílias ricas, e passávamos as férias na França! Eles simplesmente nunca haviam encontrado a pobreza.

Eu fiquei envergonhada. Isso imediatamente levantou a questão: *quanto mais eles desconheciam?* Não era assim que Dan e eu pretendíamos criar nossos filhos. Ambos estávamos cientes da diversidade do nosso mundo, seja em termos de etnia, crenças religiosas, orientação sexual ou padrões de vida. Não apenas respeitamos a todos, mas também valorizamos a diversidade e certamente esperamos criar nossos filhos para se comportar e pensar da mesma maneira.

Essa experiência abriu meus olhos para a necessidade de, concretamente, transmitir valores como abraçar a diversidade. Mas primeiro tive que enfrentar minha própria falta de consciência.

Lembro-me de discutir discriminação com Jamiko, a mãe de uma das colegas de escola de Margot. A família de Jamiko era afro-americana. Quando disse a ela que nunca havia presenciado nenhuma forma de discriminação na escola infantil, Jamiko respondeu gentilmente: "Claro que não! Você é branca".

Portanto, primeira lição: só porque você não vê ou **não experimenta, não significa que não exista**.

Muitos anos atrás, pouco antes do Natal, testemunhei um jovem adolescente afro-americano andando por nossa vizinhança. Meu primeiro pensamento foi que ele estava por ali porque era época de Natal, haveria muitos pacotes na porta da frente das pessoas, e me perguntei se o jovem poderia estar tentando roubar alguns pacotes.

Foi quando percebi — eu não teria feito a mesma suposição se ele fosse branco. Meu primeiro instinto foi presumir o pior simplesmente porque *parecia que ele não pertencia ao lugar!*

Eu sei que não estou sozinha. Acredito que todos nós fazemos suposições semelhantes.

Alguns anos depois, conheci Frances, uma senhora que vivia nas ruas do centro de Orlando. Falei com ela várias vezes e contei nossas conversas para minha família durante o jantar. Mencionei como fiquei surpresa ao ver que ela era bastante erudita e articulada.

Assim que as palavras saíram da minha boca, percebi que estava mais uma vez sendo preconceituosa. Eu presumi que, por Frances ser pobre e morar na rua, significava que ela não tinha educação.

E esses são apenas alguns exemplos que conheço! Eu me pergunto quantas vezes faltou autoconsciência para perceber o que eu estava dizendo ou pensando. Percebo que trabalhar para identificar meus preconceitos não é suficiente, mas é um começo.

Essa é a segunda lição: **todos** nós temos preconceitos inconscientes profundamente enraizados que obscurecem nosso julgamento.

Leva tempo e tomada de consciência para trabalhar nisso, e ainda considero isso um trabalho em andamento — como a maioria de nós deveria estar. Mas estou empenhada em abordar o assunto com meus filhos, minha família e meus amigos para que eu possa desenvolver a autoconsciência necessária para reconhecer preconceitos e encorajar outras pessoas a fazerem o mesmo.

Também me comprometi a buscar o maior número possível de experiências diversas para mim e meus filhos. Por exemplo, enviamos nossos três filhos para um Centro Comunitário Judaico (JCC) para fazer a pré-escola. Não somos uma família judia, mas essa foi uma grande experiência de aprendizado para todos nós.

Eu tinha muitas perguntas e não queria cometer uma gafe, então minha querida amiga Marcy se tornou minha conselheira em todas as coisas judaicas. Foi assim que meus filhos e eu aprendemos sobre comida kosher, Rosh Hashaná, Purim, Sucot, Yom Kippur e os muitos rituais da religião judaica. Frequentemente íamos ao Shabat e a bar e bat mitzvahs, e fizemos amigos queridos nesse período.

Quando viajamos, optamos por não nos ater aos pontos turísticos habituais. Usamos ônibus locais e buscamos acomodações fora do caminho. Em uma viagem à África do Sul, nos hospedamos em Soweto e tomamos cerveja caseira em um *shebeen*, um bar improvisado no meio de uma favela.

Aproveitamos todas as oportunidades para receber pessoas de todas as nacionalidades, culturas e raças em nossa casa e, ao fazer isso, construímos amizades incríveis. Cada vez que abríamos nossas portas a alguém diferente de nós, ficávamos um pouco mais informados sobre a sua experiência e sobre o mundo que todos partilhamos.

Como resultado, acredito que meus filhos fizeram um trabalho muito melhor em aceitar as diferenças do que eu, simplesmente pelo fato de que os expusemos desde cedo à diversidade e garantimos que ela esteja onipresente em nossas vidas cotidianas. Podemos temer a diversidade, ignorá-la ou abraçá-la. Nossa família escolheu o último, e posso dizer honestamente que nos tornamos mais ricos com isso.

Como mãe, aprendi a falar sobre diversidade com meus filhos, a destacar o que pessoas de diferentes origens têm em comum, a incentivá-los a conhecer pessoas de todas as esferas da vida — mesmo que às vezes os tire de sua zona de conforto — e a discutir o que as diferenças podem nos ensinar.

> **"Tantos lugares para ir, tão pouco tempo!"**
> De Isabelle para Elise [La Bâtie--Rolland, França]

Essa é a terceira e última lição: **tenha como propósito em sua vida discutir, buscar, acolher e incluir a diversidade.**

—

Dê uma olhada em toda a sua organização. Se todos parecem iguais, você tem um problema. Se todos têm o mesmo gênero, idade e raça, é mais do que provável que você esteja olhando as coisas com as mesmas lentes, tirando conclusões semelhantes com base em experiências semelhantes. Você está deixando passar uma boa oportunidade.

É fácil gravitar em torno de pessoas que são como nós. É confortável e nos sentimos seguros. Me coloque no comando do recrutamento e, se eu não focar na diversidade, contratarei principalmente mulheres de meia-idade que falam com sotaque francês. Isso é chamado de *viés de afinidade*. Veja como você pode evitar que isso aconteça em seu local de trabalho.

AVALIE SEU PROCESSO DE SELEÇÃO

Se você deseja trazer mais diversidade para a sua equipe, comece considerando onde recrutar. Embora deva sempre contratar a melhor pessoa, certifique-se de ter um **grupo diversificado de candidatos**. Como fazer isso? Procure novas contratações futuras em vários lugares.

Se tiver membros de grupos minoritários na equipe, peça-lhes que indiquem alguns candidatos. E, para encorajar candidatos pertencentes a minorias, mostre a cultura diversificada de sua equipe, seja em seu site ou convidando membros minoritários da equipe para participar do processo de seleção.

Use ferramentas de avaliação para trazer uma metodologia objetiva para o seu processo de recrutamento e remover quaisquer práticas discriminatórias. E, além de verificar se um candidato se encaixa na cultura da sua empresa, considere os candidatos que agregarão à riqueza diversificada de sua equipe, candidatos que trazem experiências, perspectivas e talentos únicos para a mesa.

TRANSMITA SEUS VALORES

Não deve haver ambivalência sobre sua posição em relação à diversidade. Seja muito claro sobre o fato de que você valoriza e respeita todos em sua organização.

Assim como uma mãe dá o exemplo para os filhos, os líderes devem ser claros sobre o que é aceitável e o que não é. Isso começa com a contratação de candidatos que se alinhem com suas crenças. Lembre-se de que os preconceitos estão profundamente enraizados e há poucas chances de você mudar alguém quando a visão dela é muito diferente da sua. A última coisa de que você precisa é contratar alguém que não compartilhe de suas posições. Se você for claro sobre sua posição, as pessoas que discordarem de você sairão do processo seletivo.

CONSIDERE SEU ORGANOGRAMA

Muitas vezes vemos uma mulher ou uma pessoa negra sozinhos em algum canto do organograma. Considere a composição de sua equipe, especialmente a equipe de gerenciamento.

A representação das minorias (ou a falta dela) no topo de uma corporação diz muito sobre a cultura dela. Além disso, quando um candidato ou um membro minoritário da equipe não vê alguém que se pareça com ele no topo da organização ou perto dele, isso diz a ele que sua oportunidade de mobilidade superior é limitada. Ele pode optar por crescer na carreira em outro lugar.

E A INCLUSÃO?

Construir uma equipe diversificada é uma coisa, mas não significa que eles tenham voz ou que você valorize suas contribuições e perspectivas únicas.

Para que sua empresa seja considerada inclusiva, garanta a segurança e o bem-estar de todos os seus funcionários, use uma linguagem inclusiva, ofereça opções de trabalho flexível e licença parental, descanso nos feriados e acomode o cumprimento de necessidades religiosas.

Assim como fiz quando meus filhos frequentaram a pré-escola JCC, os líderes devem se perguntar: *o que é aceitável? O que não é? O que eu preciso fazer? O que é apropriado?*.

Grandes líderes garantem que as pessoas se sintam à vontade para representar sua cultura ou fé. Eles perguntam sobre as necessidades das minorias e são proativos em oferecer uma oportunidade para os funcionários expressarem suas preocupações e opiniões sem medo de prejuízo.

ENVOLVA-SE E APRENDA

Se você está empenhado em fazer a diferença, incentive conversas entre os membros de sua equipe para ajudá-los a entender e valorizar a diversidade e a inclusão. Pense nisso como a conversa na mesa de jantar com seus filhos. Torne-a casual e desprovida de julgamento. Discuta vieses inconscientes. Você pode querer começar compartilhando o seu próprio e, ao fazê-lo, promover a autoconsciência.

Mais uma vez, admitir e compartilhar as próprias deficiências vai, no mínimo, encorajar os outros a fazer alguma autorreflexão. Você pode fornecer ferramentas como o teste de associação implícita criado pela Universidade de Harvard. Esse teste pode ser feito na internet é uma ótima maneira de identificar os preconceitos inconscientes seus e de sua equipe.

Não pare por aí. **Incentive as interações.** Quando recebemos convidados do Japão, da Nigéria, da África do Sul, do Marrocos e de várias culturas hispânicas, e quando recebemos muçulmanos, judeus e casais LGBTQIAPN+ em nossa casa, enviamos uma mensagem clara aos nossos filhos de que abraçar a diversidade é muito mais do que apenas falar sobre isso. Significa incluí-los em nossas vidas.

CONHEÇA PESSOAS NO MEIO DO CAMINHO

Não posso fingir que entendo verdadeiramente os sentimentos ou as experiências de pessoas que estão sendo discriminadas por causa da cor da pele, de suas crenças religiosas ou da orientação sexual. Mas *posso* falar sobre discriminação da perspectiva de uma mulher em um mundo dominado por homens.

As mulheres enfrentam inúmeros obstáculos no local de trabalho apenas por serem mulheres. Isso inclui enfrentar a pressão social para desistir de uma carreira por causa das crianças. Por que ser mãe e ter uma carreira deveriam ser mutuamente exclusivos para mulheres, mas não para homens?

Posso falar sobre a misoginia que as mulheres encontram e as suposições que alguns homens fazem sobre as mulheres na liderança. Já vi a representação feminina diminuir à medida que elas se aproximam do topo das organizações. E já vi empresas promoverem homens com base em seu *potencial*, enquanto não considerariam mulheres se candidatando ao mesmo cargo, citando sua *falta de experiência*.

Da mesma forma, vi homens se candidatarem a empregos para os quais não eram nem de longe qualificados, enquanto mulheres talentosas duvidavam de suas habilidades, apesar de sua experiência.

Posso atestar os padrões mais elevados que as mulheres devem atingir, especialmente quando se trata de sua aparência física.

No entanto, só porque faço parte de uma minoria não significa que compreendo a marginalização de outras minorias. Estou agindo com cautela aqui, mas acredito que as minorias podem e devem se envolver vigorosamente na discussão e fazer o próprio trabalho.

Ajude os outros a entenderem suas necessidades e faça isso sem julgamento. Acredito que alguns de nós relutam em se envolver com certas minorias porque simplesmente *não sabemos como fazer isso*. Temos medo de cometer gafes ou de ferir os sentimentos de alguém.

Em vez de esperar as pessoas perguntarem, inicie a conversa e ajude-as a entender algumas coisas. Isso abrirá a porta para uma conversa bidirecional.

Esteja preparado para erros e ajude as pessoas a superá-los. Explique o que é e o que não é apropriado e o que é ofensivo — assim como minha amiga Marcy foi clara sobre tudo o que eu precisava saber sobre a cultura judaica, salvando-me de algumas gafes culturais.

Anos atrás, participei de um bar mitzvah de um amigo de Margot. Quando Dan e eu fomos apresentados ao rabino, estendi a mão. Ele olhou para mim, mas não retribuiu o aperto de mão. Depois de uma pausa constrangedora, sua esposa se aproximou e apertou minha mão.

O que eu não sabia era que ele era um rabino ortodoxo. Ele não tinha permissão para ter contato físico com uma mulher que não fosse sua esposa. Ela veio em meu socorro e me impediu de ficar ali, sem entender e com vergonha. Sua percepção fez uma grande diferença. Ela percebeu que eu não sabia de nada e não me fez sentir julgada por causa disso.

—

Estamos muito longe de viver em uma sociedade perfeita, mas tenho fé na geração mais jovem que está crescendo em um mundo profundamente conectado e aberto.

A diversidade se tornou um diferencial competitivo que impacta positivamente o desempenho e atrai talentos. Estatisticamente, as empresas mais diversificadas claramente superam outras empresas. Portanto, diversidade e inclusão **não são apenas a coisa certa a fazer**, mas também **a coisa mais inteligente**. Além disso, uma força de trabalho inclusiva ajuda a aproximar sua organização das pessoas que você está tentando atrair, sejam futuros membros da equipe ou clientes.

CAPÍTULO VINTE E DOIS

MERCI, MAMÃE!

Se você procurar no dicionário o significado da palavra *nutrir*, encontrará palavras como *cuidar, desenvolver, cultivar, apoiar, fomentar, encorajar, promover, estimular, auxiliar, avançar, ajudar* e *fortalecer*.

Embora costumem ser associados às mães, esses comportamentos devem ser esperados dos líderes. Desenvolver os membros da equipe e orientá-los em direção a um objetivo não é o mesmo que cuidar e dar atenção às crianças para que elas cresçam e alcancem o melhor de suas habilidades?

Felizmente, os estilos de liderança de cima para baixo (*top-down*) tornaram-se arcaicos, e as gerações mais jovens têm pouca tolerância com esses líderes autoritários. Em vez disso, a maneira mais eficaz de liderar é por meio de relacionamentos baseados em cuidado, respeito mútuo, capacitação e engajamento.

Isso não significa que a liderança seja feita de arco-íris e unicórnios. Nem a maternidade, aliás. Ambas as funções são muitas vezes difíceis e frustrantes, pois você descobre que há muito o que pode fazer. Você pode criar o ambiente familiar certo para seus filhos prosperarem, mas ainda não sabe ao certo se está economizando para a mensalidade da faculdade ou para o valor da fiança.

Da mesma forma, os líderes podem demonstrar todos os comportamentos certos para ter uma ótima cultura de equipe, mas seria como dizer "Vamos nos divertir!". Você *não pode fazer* as pessoas se divertirem. Mas pode criar o ambiente certo esperando que elas se divirtam.

Líderes e mães esperam que as sementes que plantaram, os recursos que investiram e o tempo que dedicaram floresçam e se transformem na visão ambiciosa que estabeleceram, aquela em que as pessoas prosperam.

Quando se trata de liderança eficaz, você não precisa de uma varinha mágica nem de pó mágico. Basta aplicar todos os princípios básicos descritos neste livro: ensinar, treinar, definir expectativas, encorajar, treinar e corrigir e modelar o comportamento. Em seguida, enxágue e repita o processo. Isso é o que as mães tentam fazer dia após dia.

Escrevi este livro na esperança de ajudar os líderes que procuram respostas e inspiração. Quando você se sentir preso, atormentado por dúvidas e pressionado a tomar decisões certas, pergunte-se: *o que eu faria se esses membros da equipe fossem meus filhos?* A resposta que está procurando pode estar bem ali, na sua frente.

Também escrevi este livro para mães e pais que ficam em casa e duvidam de sua capacidade de reingressar no mercado de trabalho e assumir responsabilidades de liderança. Deixe-me lembrá-lo: você sabe mais do que pensa. Se você dominou a arte de acalmar uma criança, aprendeu a realizar várias tarefas ao longo dos anos escolares e sobreviveu à criação de um adolescente, está pronto para liderar uma equipe.

> **"Na dúvida, volte ao básico. As melhores soluções costumam ser as mais simples."**
> De Nouha para Katia
> [Los Angeles, CA, EUA]

No final, lembre-se de que também já foi criança. *Você sabe como é* quando a maternidade é eficaz e quando não é. Você provavelmente se lembra dos momentos em que se aproveitou dos erros de sua mãe e escapou das garras da responsabilidade. Eu me lembro.

Na verdade, as mães são uma grande fonte de sabedoria quando se trata de liderança. E, mesmo que nem sempre acertem, elas ainda ensinam às crianças o que funciona e o que não funciona.

Não há dúvida de que as mães fazem o melhor, e possivelmente o trabalho mais difícil do mundo, ao mesmo tempo que fornecem um suprimento infinito de amor e firmeza... Embora não recebam nenhuma forma de compensação, elas nos presentearam com mais uma coisa: os princípios básicos da grande liderança.

Portanto, se você ainda não o fez, reserve um momento para apreciar e agradecer à sua mãe por seu trabalho árduo e pelo que ela lhe deu — lições de vida... e de liderança.

POSFÁCIO

Em 1980, se você me perguntasse o que eu queria da minha vida, eu responderia sem sombra de dúvida que era ter uma carreira e que não tinha interesse em me casar, muito menos em ter filhos. Bem, não só me casei como tenho não um nem dois, mas três filhos maravilhosos.

Não sei o que fiz para merecer esses três filhos, mas eles são gentis, engraçados, saudáveis e esforçados. Considero outras qualidades a cereja do bolo. Sei que isso provavelmente soa como a fala de uma mãe coruja, mas me sinto sortuda por ter sido agraciada com esses três seres incríveis — não apenas por causa de suas personalidades grandiosas, mas também porque são muito diferentes um do outro.

Nunca deixo de me surpreender que os mesmos pais possam ter três filhos tão diferentes, cada um com um conjunto particular de habilidades, talentos e uma personalidade distinta. Acho que essa realidade é para manter os pais alertas. Com cada criança, temos que criar uma estratégia personalizada.

Como mãe, o próprio ato de parir um ser humano lhe dá uma perspectiva totalmente nova da vida. Também lhe dá novas prioridades. Ao criar aquele pequeno ser, você também se torna mais resiliente e mais paciente. A beleza disso é que você continua aprendendo durante o processo. Ter filhos educa você de maneiras inesperadas. Olhando para trás, reconheço que meus filhos podem ter me ensinado tanto quanto eu os ensinei.

Jullian, Margot e Tristan: obrigada por terem me ensinado tanto. Eu os agradeço por cada lição. Eu valorizo cada insight. Eu acolho todo o conhecimento que vocês continuam a compartilhar comigo.

Eu amo vocês. Para sempre.

MAMÃE

AGORA É COM VOCÊ

Acredito que ler *Lidere como uma mãe* tenha ajudado você a identificar algumas oportunidades para crescer como líder. Aqui estão algumas perguntas que podem iluminar possíveis pontos a serem desenvolvidos. *

Você pode usá-las para se orientar na aplicação da sabedoria de uma mãe ao seu papel como líder em qualquer organização, grande ou pequena.

Capítulo um
O CARÁTER É IMPORTANTE
[CONTRATAR VALORES PESSOAIS]

— O que eu mais valorizo como líder? Quais comportamentos embasam esses valores?

— Quais são os valores e comportamentos inegociáveis que espero dos membros da minha equipe?

— Como comunico os valores da minha organização aos candidatos?

---

* Para obter uma versão impressa em inglês, visite www.cockerellconsulting.com/managelikeamother. [N. E.]

Capítulo dois
BEM-VINDO A BORDO
[ORIENTAÇÕES BÁSICAS]

— Qual é o nosso processo de integração atual?
— Que evidências existem de que minha organização se preocupa com os novos funcionários? A chegada dos novos contratados é uma prioridade? Fazemos as pessoas se sentirem bem-vindas?
— Existe um processo para conhecer os novos membros da equipe?

Capítulo três
ENSINE O BEABÁ
[TREINAMENTO EFETIVO]

— Que estilos de aprendizagem incorporamos ao nosso programa de treinamento?
— Damos aos novos membros da equipe a oportunidade de tirar dúvidas e estender seu treinamento, se necessário? Quando fazemos isso?
— Como garantimos que os novos membros da equipe estejam prontos para trabalhar de forma independente?
— Atualmente, temos um processo para avaliar a qualidade do nosso programa de treinamento? Em caso afirmativo, ele inclui as seguintes perguntas?
  - Que obstáculos você encontrou?
  - O que você gostaria de saber sobre o trabalho?
  - Existe alguma área sobre a qual você gostaria de saber mais?
  - O que poderíamos fazer diferente como organização?
  - Como podemos nos preparar melhor para futuras novas contratações?
  - Quem e o que foi mais útil em seu processo de integração e treinamento?

Capítulo quatro
SOU SEU AMIGO, CONTE COMIGO
[CONSTRUIR RELACIONAMENTOS SÓLIDOS]

— Como líder, como está a qualidade do meu relacionamento com os membros da minha equipe?

— Pensando em cada um dos meus subordinados diretos, como posso responder bem às seguintes perguntas?
- O que essa pessoa precisa para relaxar e recarregar as energias?
- Como essa pessoa chega a decisões ou conclusões?
- Essa pessoa é meticulosa e metódica em sua abordagem?
- Essa pessoa se destaca em grupo ou tende a falar apenas quando solicitada?
- Essa pessoa gosta de ser elogiada publicamente ou prefere ser reconhecida em particular?
- Como essa pessoa responde a mudanças e solicitações de última hora?

Capítulo cinco
OUVIDOS ATENTOS E UM CORAÇÃO COMPREENSIVO
[INTELIGÊNCIA EMOCIONAL]

— O que geralmente desencadeia minhas reações emocionais?

— Como posso garantir que expressei minhas emoções adequadamente?

— O que devo fazer para mostrar que reconheço os sentimentos dos outros?

— Regularmente, presto atenção ao seguinte?
- Houve ultimamente alguma mudança no desempenho e comportamento individual dos membros da equipe?
- Alguns membros da equipe estão mais confusos ou parecem mais sobrecarregados do que o normal?
- Eles ficam de mau humor ou demonstram hostilidade por meio de sua linguagem corporal?
- Eles são rápidos em apresentar uma refutação?
- Percebo desinteresse e distração?
- Qual pode ser a raiz desses comportamentos?

— Com que frequência faço as seguintes perguntas aos membros da equipe?
  - Sua carga de trabalho é administrável e os prazos são realistas?
  - Como posso ajudar a resolver os problemas recorrentes que o estão estressando e o fazendo se sentir sobrecarregado?
  - Como posso ajudar a melhorar sua experiência de trabalho?

Capítulo seis
PORQUE SIM
[DEFINIR EXPECTATIVAS]

— Com que frequência minha equipe apresenta resultados que não atendem às minhas expectativas? As expectativas foram definidas de forma clara?

— Quais são as habilidades individuais das pessoas da minha equipe?

— Quais são as habilidades necessárias para isso? Você já pensou em deixar a organização? Se sim, o que o motivou? Isso aconteceu recentemente?

— Estou combinando tarefa com talento?

— Quais são os recursos disponíveis para a minha equipe? Quais são os recursos necessários? Estou combinando tarefas com recursos?

— Forneço data e hora específicas para a conclusão das tarefas?

Capítulo sete
O QUE PODE ACONTECER
[ESTABELECER UMA VISÃO DE LONGO PRAZO]

— Como organização e equipe, o que estamos tentando alcançar no intervalo de cinco a dez anos?

— Como comunico essa visão de longo prazo para a minha organização? E com que frequência?

— Diariamente, o que fazemos para atingir essa meta de longo prazo?

— Temos uma estratégia clara para alcançar nossa visão?

Capítulo oito
CONFIE EM MIM
[CRIAR UM AMBIENTE DE CONFIANÇA]

- Como posso demonstrar melhor meus valores e minhas prioridades por meio de meus comportamentos?
- Como me responsabilizo perante minha equipe?
- Quais responsabilidades posso delegar aos membros da equipe e mostrar que confio em seu julgamento?
- Como posso compartilhar os holofotes com colegas ou membros da equipe?
- Costumo dizer coisas negativas sobre os outros?

AO LIDAR COM A QUEBRA DE CONFIANÇA
- Houve sinais de que posso ter confiado nessa pessoa muito rapidamente? Não consegui antever o que aconteceria?
- Essa quebra de confiança reflete o caráter do indivíduo?
- A pessoa demonstra preocupação genuína? Ela entende por que estou me sentindo assim?
- Essa pessoa parece estar disposta a mudar seu comportamento?
- Como podemos seguir em frente e colaborar no futuro?
- Existem novas regras que posso estabelecer para que possamos confiar um no outro mais uma vez?

Capítulo nove
ADMINISTRANDO UM AMOR SEVERO
[FORNECER FEEDBACK]

- Como posso me preparar melhor para dar um feedback eficaz?
- O que eu temo?
- Como o feedback será recebido?
- Em primeiro lugar, estabeleci as expectativas corretas?
- Qual é o comportamento que estou tentando corrigir?
- Quais são os fatos em que posso confiar?
- Como esse comportamento afeta a equipe e a organização?
- O que acontecerá se eu não der o feedback?

DEPOIS DE DAR O FEEDBACK

— Dei ao membro da equipe a oportunidade de expressar seu ponto de vista?
— Encorajei o membro da equipe a oferecer uma resolução ou um curso de ação?
— De que acompanhamento precisamos? Estabeleci uma linha do tempo ou uma data final?

Capítulo dez
APLAUSOS E COMEMORAÇÕES
[RECOMPENSAS E RECONHECIMENTO]

— Atualmente, de qual processo eu disponho para oferecer recompensas e reconhecimento à minha equipe?
— Como posso garantir que o reconhecimento seja focado em esforços e resultados?
— Que comportamentos espero ver se tornarem um hábito na organização?
— Como os membros de minha equipe respondem a recompensas e reconhecimento? Conheço sua preferência pessoal quando se trata de ser reconhecido?

Capítulo onze
CONSEGUE ME OUVIR AGORA?
[COMUNICAÇÃO EFETIVA]

— Quais são meus protocolos de comunicação específicos para atingir diferentes indivíduos ou grupos dentro da empresa? (por exemplo, comunicação pessoal, reunião, memorando, individual, estatal, podcast, áudio?)
— Para cada grupo com o qual trabalho, qual método de comunicação seria mais eficaz? (por exemplo, comunicação presencial, reunião, memorando, individual, reuniões de assembleia, podcast, áudio...)

- Existe uma oportunidade para eu criar um *hub* de informações? Quem devem ser os membros da equipe designados para comunicar, ao seu lado, informações da organização??
- O que posso fazer para melhorar a eficácia das reuniões? (por exemplo, propósito, participantes, horário, agenda)
- Quais reuniões posso mover de uma sala para um *walking meeting*?
- Que mecanismos estabeleci para permitir que o fluxo de informações volte para mim?
- Como vou me tornar mais acessível?
- Como posso ser mais visível na operação?
- Com que frequência devo organizar o horário comercial durante o qual estou disponível para os membros da minha equipe?
- Como os membros da equipe podem entrar em contato comigo anonimamente?
- Qual é a maneira mais eficaz de minha equipe entrar em contato comigo? Estabeleci um cronograma para minhas respostas?
- Com que frequência devo fazer reuniões de feedback com a equipe?
- Como reajo quando recebo más notícias ou feedback negativo?

Capítulo doze
ERA UMA VEZ...
[CONTAR HISTÓRIAS COMO UMA PRÁTICA DE LIDERANÇA]

- Quando posso usar o *storytelling* como uma prática de liderança?
- Quais histórias capturariam a essência dos valores e da cultura da minha organização?
- Que mudanças espero ver ao compartilhar essas histórias?
- O que preciso fazer para melhorar minha capacidade de contar histórias?

Capítulo treze
EU QUERO SER COMO VOCÊ
[SER UM MODELO]

— Quais são os comportamentos mais importantes que posso modelar para minha equipe?
— Quais são os momentos específicos que posso criar para modelar comportamentos?
— Como posso modelar melhor a vulnerabilidade?
— Que comportamentos posso modelar para novos contratados para causar uma primeira impressão duradoura?
— Como minha equipe e eu podemos apontar discrepâncias, ou seja, dizer uma coisa e fazer outra?

Capítulo quatorze
JÁ ESTAVA NA HORA!
[GERENCIAMENTO DE TEMPO]

— Quais tarefas repetitivas da minha lista posso agrupar?
— Qual tarefa posso dividir em atribuições mais gerenciáveis?
— Como posso diminuir distrações e interrupções?
— Como posso criar um plano de ação para combater a procrastinação?
— Como posso priorizar as tarefas mais importantes e abrir mão das menos importantes?
— Quem são as pessoas em quem posso confiar? Que tarefa posso delegar a elas?
— Como vou me comprometer a criar um plano de ação diário?
— Semanalmente, quanto tempo vou dedicar a mim?
— Mensalmente, quanto tempo vou reservar para abordar metas de longo prazo?

Capítulo quinze
ONDE HÁ VONTADE, HÁ UM CAMINHO
[RESOLVER PROBLEMAS POR MEIO DO PENSAMENTO CRIATIVO]

— Como posso construir um ambiente onde seja seguro expressar ideias?
— Com que frequência devo realizar sessões de *brainstorming* e resolução de problemas?
— Como comunico que o fracasso é aceitável na busca por inovação e solução de problemas?
— Como devo celebrar a solução de problemas e o processo criativo?

Capítulo dezesseis
SE DÊ BEM COM TODOS
[COLABORAÇÃO]

— Como posso conscientizar a equipe sobre as habilidades, os pontos fortes e os talentos de cada um?
— Como posso posicionar meus líderes para se tornarem professores em sua área de especialização?
— O que posso fazer para recompensar a colaboração quando a vejo?
— Ao avaliar um membro da equipe, considero as seguintes questões?
  - Essa pessoa aceita a opinião dos outros?
  - Essa pessoa não faz julgamentos e tem a mente aberta?
  - Essa pessoa mantém os outros informados?
  - Essa pessoa apoia outras pessoas e fornece feedback construtivo?
  - Essa pessoa prioriza os esforços do grupo em direção a um objetivo comum?
  - Essa pessoa aproveita os talentos e as habilidades de outras pessoas?
  - Essa pessoa celebra as conquistas dos outros?

Capítulo dezessete
VOCÊS NÃO PODEM SIMPLESMENTE SE DAR BEM?
[GERENCIAMENTO DE CONFLITOS]

- Ao administrar conflitos, o que preciso fazer para garantir o melhor resultado possível?
- Como posso garantir que passaremos rapidamente do ato de indicar culpados para encontrar soluções?
- Onde podemos encontrar um terreno comum?
- Qual é o objetivo comum que minha equipe pode reunir?

Capítulo dezoito
NAVEGANDO NAS CORREDEIRAS
[LIDANDO COM SITUAÇÕES DE CRISE]

- Ao lidar com uma crise, como posso melhorar minha capacidade de avaliar a situação?
- O que preciso fazer para garantir que a confiança seja restaurada rapidamente?

Capítulo dezenove
CONTINUE APRENDENDO
[DESENVOLVIMENTO PESSOAL]

- Com que frequência devo dedicar tempo para desenvolver minhas habilidades?
- Com que frequência encorajo minha equipe a compartilhar seus conhecimentos comigo?
- Como posso garantir que aprendo com meus erros?
- Que metas de autodesenvolvimento posso estabelecer para mim mesmo?

Capítulo vinte
DE ONDE VÊM OS BEBÊS?
[FOMENTANDO A CURIOSIDADE]

— Quando e onde posso incentivar minha equipe a compartilhar o que sabe ou aprendeu recentemente?
— Como posso incentivar a curiosidade da minha equipe?
— Como posso conduzir uma conversa com perguntas e incentivar a opinião da minha equipe?
— Que perguntas devo fazer para despertar a curiosidade?

Capítulo vinte e um
QUE MUNDO MARAVILHOSO
[DIVERSIDADE]

— Qual é a diversidade da minha equipe atual?
— Que mudanças devemos fazer em nosso processo de seleção para criar um grupo mais diversificado de candidatos?
— Como posso desenvolver autoconsciência e identificar meus preconceitos inconscientes?
— Como posso me tornar mais objetivo ao discutir a diversidade com minha equipe?
— Como posso encorajar os membros minoritários da equipe a ensinar os outros?
— Como posso encorajar a inclusão em minha organização?

Capítulo vinte e dois
MERCI, MAMÃE!
[CONCLUSÃO]

— Que comportamentos específicos aprendi com minha mãe?

AGRADECIMENTOS

Levei muitos anos para escrever este livro. A ideia inicial começou com meu sogro, Lee, que sempre fala sobre sua mãe e sobre como ela o influenciou a se tornar o líder excepcional que é hoje. Embora ele e eu tenhamos crescido em épocas distintas e em continentes diferentes, pude me identificar com muitas das experiências que ele compartilhou.

Depois que tive meus filhos, percebi que as lições ensinadas por uma mãe não são apenas atemporais, mas também passam de uma geração para outra, de uma família para outra e, por fim, podem ser aplicadas no local de trabalho. Essa é toda a motivação de que eu precisava para este livro.

Muitas pessoas me ajudaram a colocar essas ideias no papel.

Minha editora, Adele Booysen, não apenas corrigiu minha gramática inglesa, por vezes confusa, mas também me incentivou a cristalizar meus pensamentos quando me vi um pouco perdida na tradução.

Karen Anderson e David Hancock, da Morgan James Publishing, concordaram em publicar meu livro. Sou muito grata por seu voto de confiança.

Claro, devo agradecer a meus amigos e familiares do mundo todo, que prontamente contribuíram com as falas mais célebres de suas mães. Sou muito grata por seu amor e amizade, o que prova que nunca nos separamos das pessoas que amamos, não importa o tempo ou a distância.

A todos os pais dedicados que conheço, obrigada por me inspirarem. Como pais, nem sempre somos perfeitos, mas somos gentis.

Para Lee e Priscilla, os melhores sogros que eu poderia esperar, e para o restante da minha família norte-americana: obrigada por me receberem no que agora é meu lar longe de casa e por me aceitarem de braços abertos em seu clã. (Desculpe pelo cuscuz do Dia de Ação de Graças!)

Para minha irmã, Annick, meu cunhado, Eric, minhas sobrinhas e sobrinhos e toda a minha família na França: vocês podem estar longe, mas sempre estão em meus pensamentos.

Para minha mãe, Anna. Você é simplesmente a melhor.

Para meu marido, Dan. Obrigado por ser meu Honey Bunny.

Eu serei eternamente a sua Lemon Pie

FONTES
Giorgio Sans e Tiempos

PAPEL
Alto Alvura 90 g/m²

IMPRESSÃO
Imprensa da Fé